Napoleon Hill
Wunder, die Sie selbst vollbringen

Napoleon Hill

Wunder, die Sie selbst vollbringen

Überwinden Sie Ihre Grenzen!

Ariston Verlag · Genf

CIP-Kurztitelaufnahme der Deutschen Bibliothek

HILL, NAPOLEON:
Wunder, die Sie selbst vollbringen: überwinden
Sie Ihre Grenzen! / Napoleon Hill. Aus d.
Amerikan. übers. von Helga Künzel. –
Erstaufl. – Genf:
Ariston Verlag, 1987.
Einheitssacht.: You can work your own miracles
‹dt.›
ISBN 3-7205-1445-5

Aus dem Amerikanischen übersetzt von Helga Künzel
Die amerikanische Originalausgabe erschien unter dem Titel
You Can Work Your Own Miracles
1984 im Verlag Ballantine Books, New York
Copyright © 1971 by the Napoleon Hill Foundation
Copyright © der deutschen Ausgabe: Ariston Verlag, Genf 1987

Gestaltung des Schutzumschlages:
H. + C. Waldvogel, Grafik Design, Zürich

Gesamtherstellung: Carl Ueberreuter Druckerei Ges. m. b. H.,
Korneuburg bei Wien
Erstauflage: September 1987
Printed in Austria

ISBN 3-7205-1445-5

Inhalt

Einführung

Jedes Mißgeschick, jeder Fehlschlag, jedes unangenehme Ereignis und sogar *jeder körperliche Schmerz* tragen den *Keim für einen Vorteil oder einen Gewinn* in sich. Diese Wahrheit hat der berühmte amerikanische Philosoph RALPH WALDO EMERSON entdeckt und in seinem erhebenden Schrifttum anschaulich und überzeugend dargelegt. Ich selbst machte vor kurzem eine Erfahrung, die diese Einsicht nicht nur festigte, sondern mir darüber hinaus die Möglichkeit erschloß, Millionen Menschen zu helfen, körperlichen Schmerz in ein erfreuliches Erlebnis umzuwandeln.

Ich saß in Los Angeles auf dem Behandlungsstuhl eines Zahnarztes, denn es sollten mir als Vorbereitung für den Einsatz einer provisorischen Prothese meine letzten neun Zähne gezogen werden. Der Zahnarzt hatte mir Spritzen gegeben, um den Ober- und den Unterkiefer zu betäuben, und ich dachte, er warte nun, bis sie wirkten. Etwa im Abstand von jeweils einer Minute schob er mir ein Instrument in den Mund und prüfte, wie mir schien, mein Zahnfleisch. Nachdem er dies mehrmals wiederholt hatte, fragte ich: »Herr Doktor, wollen Sie nicht endlich anfangen, mir die Zähne zu reißen?«

Mit erstauntem Gesicht entgegnete er: »Was soll die Frage? Bis auf drei sind sie doch schon alle draußen. Da liegen sie, vor Ihnen auf dem Tisch.«

Ich schaute hin, und tatsächlich – er hatte mir sechs Zähne gezogen, ohne daß es mir bewußt geworden war. Daraufhin kam es zwischen uns zu einem Gespräch, das mir als Entschädigung für den durchgestandenen Eingriff den obenerwähnten Keim einer gleichwertigen positiven Erfahrung schenkte. In den Genuß dieser positiven Erfahrung können auch Sie kommen, wenn Sie meine Geschichte lesen und beispielsweise beim Besuch Ihres Zahnarztes die daraus zu ziehende Lehre beherzigen. Der »Keim« bestand in der Idee und der Grundkonzeption für das vorliegende Buch, zu dem mich jenes Gespräch mit dem Zahnarzt inspiriert hat.

Nachdem er mir die restlichen Zähne gezogen hatte, fragte er: »Wo waren Sie denn, während ich Ihnen die sechs Zähne zog?«

»In der Rundfunkstation KFWB«, antwortete ich. »Dort habe ich meine Sendung für nächsten Sonntag geprobt.«

»Na sowas!« sagte der Zahnarzt erstaunt. »Ich praktiziere schon seit dreißig Jahren, aber ich hatte noch nie einen Patienten auf meinem Stuhl sitzen, der es nicht gemerkt hätte, wenn ich ihm Zähne zog. Wie um alles in der Welt haben Sie das gemacht?«

»Das ging ganz leicht«, antwortete ich. »Bevor Sie mit der Behandlung begannen, hatte ich mich geistig entsprechend konditioniert. Ein Teil dieser Konditionierung bestand darin, daß ich mich gleichsam völlig von der Behandlung wegschaltete, indem ich mich bewußt auf etwas Angenehmes konzentrierte, das mit der Behandlung überhaupt nichts zu tun hatte.«

»Mann!« rief der Zahnarzt. »Wenn Sie das den anderen Leuten beibringen könnten, sich wie Sie so zu konditionieren, daß sie keine Angst mehr vor der Zahnbehandlung haben müssen, und wenn Sie Ihre Patentformel in einem Buch veröffentlichen, werden die Zahnärzte des ganzen Landes dafür sorgen, daß Sie im Lauf eines Jahres eine Million Exemplare verkaufen.«

Als ich an jenem Tag die Praxis meines Zahnarztes verließ, hatte ich den Entwurf für das vorliegende Buch bereits fertig im Kopf, und ich wußte auch genau, durch welche Methode ich meine Angst vor der Behandlung in ein großartiges Erlebnis verwandelt hatte. Mir war klar, daß meine »Formel« Millionen Menschen helfen konnte, körperlichem Schmerz überhoben zu sein.

Ein verblüffendes Merkmal dieser Formel ist, daß sie auf der gleichen Methode beruht, mit der ich bereits unzähligen Menschen dazu verholfen habe, sich geistig auf materiellen Wohlstand zu konditionieren. Die Formel kristallisierte sich sehr langsam heraus, ihre Entstehung zog sich über mehr als fünfzig Jahre hin. Der Same wurde in mich gesenkt und begann zu keimen, als mir der amerikanische Großindustrielle ANDREW CARNEGIE, Initiator vieler gemeinnütziger Einrichtungen, den Auftrag erteilte, eine praktische Philosophie des individuellen Erfolgs – und das war damals die erste ihrer Art auf der ganzen Welt – auszuarbeiten. Zur Entwicklung der Formel trugen die persönlichen Erfahrungen von mehr als fünfhundert der erfolgreichsten Amerikaner bei, die mir bei der Ausarbeitung meiner Erfolgsphilosophie halfen. Ich habe sie in meinem Buch *Denke nach und werde reich* veröffentlicht und später, zusammen mit W. CLEMENT STONE, dem amerikanischen Versicherungsmagnaten, der seine Karriere als Zeitungsjunge angefangen hatte, in dem Buch *Erfolg durch positives Denken* weiter ausgebaut. Von diesen Büchern (die in deutscher Sprache beide im Ariston Verlag, Genf, erschienen sind) wurden weltweit mehr als dreißig Millionen Exemplare verkauft.

Bevor ich diese Formel an Sie weitergeben kann, muß ich Ihnen helfen, sich geistig so zu konditionieren, daß Sie auch aufnahmebereit dafür sind. So wie man sich die Grundlagen der elementaren Mathematik aneignen muß, bevor man zur höheren übergehen kann, so muß man auch erst das Wissen über die Konditionierung des Denkens erwerben, bevor man die Formel anwenden kann. Dieses Wissen erlangen Sie, indem Sie die damit verknüpften wichtigen Themen studieren, die ich anschließend behandeln werde.

Wenn Sie mir geduldig und aufmerksam durch die Seiten dieses Buches folgen, können Sie eine neue Welt voller Reichtümer entdecken, die Sie seit jeher besitzen, ohne es zu ahnen. Ich werde in einfacher, allgemeinverständlicher Sprache die Formel enthüllen, mit deren Hilfe ich einen zahnärztlichen Eingriff in ein durch keinerlei Schmerzen beeinträchtigtes Zwischenspiel hatte verwandeln können.

Das ist jedoch nur der Auftakt! Mit Hilfe des Systems zur Kon-

ditionierung des Denkens, das ich Ihnen in diesem Buch er-
schließe, wird es Ihnen gelingen, viele unerwünschte Begleiter-
scheinungen unseres Lebens – körperlichen Schmerz, Trauer,
Angst und Verzweiflung – unter Kontrolle zu bekommen und zu
halten. Dieses System wird es Ihnen auch ermöglichen, so wünschenswerte Dinge zu erlangen wie Selbstverständnis und Seelenfrieden, Wohlstand und Harmonie in allen zwischenmenschlichen
Beziehungen.

Dieses Buch ist aufschlußreicher als alle seine Vorgänger. In
ihm werden mit größter Offenheit viele Themen behandelt, die ich
in meinen vorausgegangenen Werken ausgespart habe. In den erwähnten Büchern stellte ich dar, wie man seine Arbeit, seinen Beruf oder sein Geschäft zu einem lohnenden, einträglichen Unternehmen macht; und nach zuverlässigen Schätzungen verhalfen
diese Bücher mehreren Millionen Menschen zu finanziellem
Wohlstand. Ziel des vorliegenden Buches ist es, das *Leben* der
Menschen lohnend zu machen, ihnen die Freiheit der Wahl zu ermöglichen, und zwar durch ein System der Selbstschulung, das
den ungeheuren Vorteil hat, daß Sie, als Leser, als Leserin der
nachfolgenden Seiten, es ständig auf seine Wirksamkeit prüfen
können!

Vor allem habe ich das Buch für Menschen geschrieben, die vor
ungelösten Problemen stehen oder sich in einer unangenehmen
Lage befinden, die sie bewältigen müssen. Ich hoffe, daß dieses
Buch für jeden Leser von großem Nutzen ist – und daß es auch
denjenigen meiner Arzt- und Zahnarztfreunde, die es ihren Patienten empfehlen, Ehre macht.

Ursprünglich wollte ich ja nur ein Buch schreiben, das den
Menschen hilft, einem Zahnarztbesuch oder einem chirurgischen
Eingriff gewachsen zu sein; doch während ich das Gerüst des In-
halts ausarbeitete, faßte ich ein viel größeres Ziel ins Auge: das
Ziel, Leserinnen und Leser in den Genuß der positiven Ergebnisse
meiner mehr als vierzigjährigen Erforschung der Ursachen von
Erfolg und Scheitern zu bringen. Ich beschloß, jenes wichtige
Wissen weiterzugeben, das ich bei der Ausarbeitung meiner wis-

senschaftlich untermauerten *Lehre vom Erfolg* gesammelt hatte, die sich jetzt unter verschiedenen Bezeichnungen verbreitet und fast auf der ganzen Welt Anhänger gefunden hat.

In diesem Buch werde ich einige der großen *Wunder des Lebens* aufzeigen, durch die Sie die in Kapitel sieben beschriebenen *zwölf großen Reichtümer* entdecken und sich aneignen können. Ich werde Ihnen auch verraten, mit welchen Mitteln Sie Angst *und* Armut, Kummer *und* Scheitern *und* körperlichen Schmerz in starke, inspirierende und aufbauende Kräfte verwandeln können.

Lesen Sie die nachfolgenden Kapitel mit aufgeschlossenem, wachem Geist, dann wird sich Ihnen das größte aller Wunder offenbaren – ein Wunder, das ich nicht beschreiben kann, weil nur Sie selbst es kennen werden und weil es *Ihnen ganz zu Gebote* steht! Es ist ein Wunder, das die Losung enthält, durch die Sie frei werden und die *zwölf großen Reichtümer des Lebens* erlangen können. Es ist ein Wunder, das Ihnen Seelenfrieden und ein harmonisches Leben mit all jenen Umständen und materiellen Bedingungen bringen kann, die Sie brauchen oder sich wünschen.

Ich gebe Ihnen hier, mit der Schilderung der Wunder des Lebens, die Sie selbst vollbringen können, die Hälfte der Losung. Die andere Hälfte besitzen Sie selbst; Sie werden sie erkennen, wenn Sie dieses Buch wirklich aufmerksam lesen. Wenn Sie sie schließlich erkannt haben, dann machen Sie sich Ihre ganze Losung zu eigen, und setzen Sie sie in ein erfülltes, von Ihnen selbst gestaltetes Leben um! *Sie werden sehen, daß dieses Buch Ihnen etwas viel Wichtigeres gibt als nur das Mittel, die Angst vor körperlichem Schmerz zu überwinden.*

Und wenn Sie dank Ihrer Losung das Einfache beherrschen, werden Sie bald auch Großes zu bewältigen vermögen.

NAPOLEON HILL

1

Jeder Mensch kann »Wunder« wirken

In einer Klinik ging ein werdender Vater nervös auf dem Gang vor dem Kreißsaal hin und her und wartete auf die Nachricht, ob seine Frau einen Sohn oder eine Tochter geboren habe.

Die Tür öffnete sich, zwei Schwestern kamen heraus – und eilten an dem wartenden Mann vorbei, ohne ihn anzuschauen. Kurz darauf erschien der Arzt in der Tür, zögerte kurz und winkte dann den ungeduldigen Vater zu sich.

»Bevor Sie hineingehen«, sagte der Arzt, »muß ich Sie auf einen Schock vorbereiten. Es ist ein Junge, aber ihm fehlen die Ohren. Er hat nicht die geringsten Anzeichen von Ohren und wird natürlich zeitlebens taub sein.«

»Er hat vielleicht keine Ohren«, rief der Vater, »aber er wird nicht taub durchs Leben gehen!«

»Beruhigen Sie sich«, entgegnete der Arzt. »Sie müssen sich damit abfinden, daß die Dinge sind, wie sie sind, und nicht so, wie Sie sie gerne hätten. In der medizinischen Wissenschaft sind ähnliche Fälle bekannt, aber keines der ohrenlos geborenen Kinder hat je hören gelernt.«

»Herr Doktor, ich habe großen Respekt vor Ihrem Können als Arzt, aber in gewissem Sinne bin ich auch Arzt. Ich habe nämlich ein starkes Heilmittel entdeckt, das bei menschlichen Nöten praktisch jeder Art hilft. Der erste Schritt in der Anwendung dieses Heilmittels ist, daß man sich weigert, irgendeinen Umstand, den man nicht wünscht, zu akzeptieren. *Ich teile Ihnen hier und jetzt mit, daß ich das Leiden meines Sohnes nicht als etwas Unabänderliches akzeptiere.*«

Der Arzt schwieg, doch sein erstauntes Gesicht sagte deutlich:
»Armer Kerl, Sie tun mir leid, aber Sie werden merken, daß es Lebensumstände gibt, die man einfach akzeptieren *muß*.« Er faßte
den Vater am Arm, führte ihn zu der Mutter und dem Kind,
schlug die Decke über dem Säugling zurück und wartete stumm,
während der Vater sich das ansah, was nach der festen Überzeugung des Arztes einer jener Lebensumstände war, die man einfach
akzeptieren mußte.

Die Zeit verging rasch. Fünfundzwanzig Jahre später trat ein
anderer Arzt lächelnd mit mehreren Röntgenbildern aus seinem
Labor. »Ein Wunder«, rief er aus. »Ich habe den Kopf dieses jungen Mannes von jedem nur denkbaren Winkel aus geröntgt und
sehe keinerlei Hinweis darauf, daß er irgendeine Form von Gehör
besitzt. Aber meine Untersuchungen zeigen, daß er über fünfundsechzig Prozent der normalen Hörfähigkeit verfügt.«

Der Arzt war ein bekannter New Yorker Ohrenspezialist, und
die Röntgenaufnahmen, die er in der Hand hielt, stammten vom
Kopf jenes jungen Mannes, der zweifellos hätte taub durchs Leben gehen müssen – wäre da nicht sein Vater gewesen. Sein Vater,
der sich weigerte, den gegebenen Zustand zu akzeptieren, und der
etwas tat, um die Natur zu einer Korrektur dieses Zustands zu
veranlassen.

Ich kann die Richtigkeit dieser Aussagen bezeugen, denn *ich*
bin der Vater, der es ablehnte, ein so schlimmes Leiden wie das
Fehlen der Ohren bei seinem neugeborenen Sohn als unheilbar zu
akzeptieren.

Fast neun Jahre lang widmete ich den größten Teil meiner Zeit
der Anwendung einer Kraft, die bei meinem Sohn schließlich fünfundsechzig Prozent der normalen Hörfähigkeit herstellte. Dieses
Hörvermögen versetzte ihn in die Lage, Grundschule, High
School und College zu absolvieren, und das mit Noten, die ihn
unter die Besten einreihten. Und es ermöglichte ihm, sich an das
Leben anzupassen, weitgehend normal und ohne die Beeinträchtigungen zu leben, unter denen die meisten Gehörlosen so entsetz-
lich leiden.

Wie wurde dieses »Wunder« vollbracht?
Wer oder was bewirkte es? Was ging im Kopf des ohrenlos geborenen Kindes vor? Wie entwickelte sich bei ihm eine Hörfähigkeit, die ausreichte, um ihm ein befriedigendes Leben zu gestatten?

Diese Fragen wurden auch dem Ohrenspezialisten gestellt. Er gab folgende Antwort: »Zweifellos beeinflußten die psychischen Anweisungen, die der Vater über das Unterbewußtsein des Kindes erteilte, die Natur dahingehend, daß sie eine Art behelfsmäßiges Nervensystem schuf. Dieses stellte eine Verbindung zwischen dem Gehirn und den Schädelinnenwänden her und ermöglichte es dem Jungen, auf eine Weise zu hören, die heute als Knochenübertragung bekannt ist.« Die Schallwellen, die normalerweise das Trommelfell des Innenohrs zum Mitschwingen bringen, erzeugen natürlich auch eine – allerdings weitaus schwächere – Resonanz, wenn sie auf die Schädelknochen auftreffen. Diese Impulse – auf Nervenbahnen dem Gehirn zugeleitet – ermöglichen ein geringes Ersatz-Hörerlebnis, das man sich heute auch bei der Konstruktion bestimmter Hörgeräte zunutze macht.

Die eigentliche Natur dieses »Wunders«, das dem Kind das Schicksal eines Gehörlosen ersparte, wird sich Ihnen jedoch nach der Lektüre des vorliegenden Buches erschlossen haben. Die Natur dieses »Wunders« anderen Menschen zu offenbaren – das ist der Hauptgrund, aus dem ich das Buch geschrieben habe.

Dieses »Wunder« hat mir selbst viele Male geholfen, seit ich es als junger Mann für mich entdeckte. Es half mir, Angst, Aberglauben, Unwissenheit und Armut zu überwinden, die vier großen Feinde der Menschheit. Von ihnen lassen sich viele von uns ohne Gegenwehr besiegen, weil sie nicht wissen, daß eine der praktischen Umsetzungen des »Wunders« darin besteht, sich zu weigern, vom Leben etwas anzunehmen, *das man nicht will.*

Die wahre Natur des »Wunders« ist etwas, das man einem anderen Menschen erst beschreiben kann, wenn er aufnahmebereit dafür ist. Deshalb wird es möglicherweise nötig sein, daß Sie alle Kapitel des Buches lesen und analysieren, bevor Sie die erforderli-

che Aufnahmebereitschaft für die volle Bedeutung des »Wunders«
oder eben der Wunder, die Sie selbst vollbringen, erlangen.

Einige deutliche Anhaltspunkte finden sich bereits in diesem
Kapitel, aber sie genügen vielleicht nicht, um das große Geheimnis
zu enthüllen, mit dessen Hilfe wir aus unserem Leben alles verban-
nen können, was wir nicht haben wollen.

Dieses große Geheimnis ist es wert, daß man ernsthaft und beharrlich danach sucht. Es ist eine Art Hauptschlüssel, mit dem sich
jeder von uns, der ihn besitzt, die Türen zu vielfältigen positiven
Erlebnissen öffnen kann, einschließlich der angstfreien Erwartung
einer Zahnbehandlung oder Operation.

Von der Geisteshaltung, in der Sie das Buch lesen, hängt es
weitgehend ab, zu welchem Zeitpunkt und an welcher Stelle
Ihnen das große Geheimnis offenbar wird. Deshalb möchte ich
Ihre Aufmerksamkeit nun auf einige der tiefgreifenden Möglichkeiten lenken, die dem *konstruktiven Denken* – einer *grundsätzlich
positiven Geisteshaltung* – innewohnen.

Wenn Sie in diesem Sinne Ihr Denken und damit weitgehend
auch Ihr Fühlen unter Kontrolle haben, können Sie auch fast alle Umstände beherrschen, die Ihr Leben beeinflussen; dies gilt ebenso für Ihre Ängste und Sorgen, wie immer diese aussehen mögen.

Wie wichtig ist die Geisteshaltung?

Wenn wir analysieren, welche Rolle die eigene Geisteshaltung –
die immer auch eine dementsprechende Gefühlshaltung zur Folge
hat – in unserem Leben spielt, erkennen wir sehr schnell deren ungeheure Bedeutung. Unsere persönliche Geisteshaltung ist ein ent-
scheidender Faktor, denn sie macht uns für andere Menschen an-
ziehend oder abstoßend, je nachdem ob sie positiv oder negativ
ist; und nur wir selbst können bestimmen, ob sie das eine oder das
andere ist.

Die individuelle Geisteshaltung jedes einzelnen Menschen bestimmt als wichtiger Faktor mit über die Aufrechterhaltung guter

körperlicher Gesundheit. Die meisten Ärzte wissen, daß die Geisteshaltung des Patienten für die Heilung körperlicher Krankheiten ausschlaggebender ist als irgendeine andere einzelne Kompo-
nente der Therapie.

Die Geisteshaltung ist ein bestimmender Faktor, vielleicht sogar
der bestimmende Faktor beim Beten. Seit langem ist bekannt, daß
jemand, der voller Angst, Zweifel und Besorgnis betet, nur mit negativen Ergebnissen rechnen kann. Einzig Gebete, denen eine Geisteshaltung tiefen *Glaubens* Kraft verleiht, lassen positive Ergebnisse erwarten.

Von Ihrer Geistes- und Gefühlshaltung hängt es weitgehend ab,
ob Sie gut und sicher Auto fahren oder ein Verkehrshindernis
sind, ob Sie Ihr eigenes und das Leben anderer in Gefahr bringen.
Die meisten Verkehrsunfälle passieren wegen Trunkenheit am
Steuer, Verärgerung, blinder Aggressivität, irgendeiner Form von
Überängstlichkeit oder übertriebener Besorgnis des Fahrers.

Ihre Geisteshaltung bestimmt in hohem Maße, ob Sie Seelenfrieden finden oder frustriert und enttäuscht durchs Leben gehen.

Die geistige Einstellung ist das A und O jeder Verkaufstätig-
keit, ganz gleich was jemand verkaufen will. Ein Mensch mit einer
negativen Geisteshaltung kann nichts verkaufen. Er kann sich von
jemandem etwas abkaufen lassen, aber einen tatsächlichen, nämlich aktiven *Verkauf* bringt er nicht zustande. Die ganze Transak-
tion ist vielmehr ein *Kauf* seitens des Kunden. Die Richtigkeit dieser Behauptung haben Sie vermutlich schon oft in Geschäften de-
monstriert bekommen, in denen das Verkaufspersonal nicht darauf eingestimmt ist, die Kunden zufriedenzustellen.

Die Geisteshaltung regelt weitgehend, welchen Platz man im
Leben einnimmt, welche Erfolge man erzielt, welche Freundschaften man schließt und welchen Beitrag für die Menschheit man leistet. Es ist kaum eine Übertreibung, wenn ich sage, daß die Geisteshaltung eigentlich *alles* ist. Sie legt zugleich ja auch – vergessen
Sie es nicht – unsere Gefühlshaltung fest.

Viele Menschen glauben, daß die Geisteshaltung, in der man
durchs Leben geht, auch das beeinflußt, was einem nach dem Tod

widerfährt. Für diese Theorie gibt es keinen eindeutigen Beweis,
sie erscheint aber zweifellos logisch.

Der überzeugendste Hinweis auf die große Bedeutung der Geisteshaltung ist letztendlich die Tatsache, daß sie *das absolut einzige*
ist, bei dem wir das uneingeschränkte, unantastbare Privileg einer
vollen persönlichen Selbstbestimmung genießen. Wir können das
Denken und Handeln anderer Menschen nicht beherrschen. Wir
können unseren Eintritt in das Leben und unseren Weggang aus
dem Leben nicht bestimmen. Aber wir haben das Vorrecht, bewußt jeden Gedanken zu kontrollieren, den wir in unserem Geist
freisetzen, und zwar von dem Moment an, da wir zu denken beginnen, praktisch bis zum Ende unseres Lebens.

Dies also ist die tiefgründigste, bedeutsamste aller Tatsachen,
die das Leben eines Menschen beeinflussen! Der logische Schluß
lautet, daß uns der Schöpfer, indem er jedem von uns die vollständige Kontrolle über sein eigenes Denken gab, etwas unschätzbar
Wertvolles schenken wollte. Und das hat er auch getan, denn nur
kraft Geistes kann ein Mensch sein Leben planen und nach
eigenem Wunsch gestalten.

Der englische Dichter WILLIAM ERNEST HENLEY muß sich dieser
großen Wahrheit bewußt gewesen sein, als er schrieb: »Ich bin der
Herr meines Schicksals, ich bin der Lenker meiner Seele.« Es
stimmt wirklich. Wir können unser Schicksal nur durch die bewußte Kontrolle unserer Geistes- und Gefühlshaltung lenken und
gestalten. Nur so können wir den Zielen zusteuern, die wir erreichen möchten.

Die Geisteshaltung kann negativ oder positiv sein

In den Angelegenheiten des täglichen Lebens macht sich nur eine
positive Geisteshaltung bezahlt. Deshalb will ich zunächst untersuchen, was sie eigentlich ist, wie man sie sich aneignen und im
Kampf um jene Dinge und Umstände, die wir uns in unserem Dasein wünschen, praktisch nutzen kann.

Eine positive Geisteshaltung hat viele Facetten, und es gibt im Zusammenhang mit jedem der Umstände, die unser Leben beeinflussen, unzählige Varianten positiven – das heißt lebenbejahenden, aufbauenden – Denkens. In erster Linie besteht dieses in der festen Absicht, jeder Erfahrung, ob angenehm oder unangenehm, irgend etwas Nutzbringendes abzugewinnen – etwas, das hilft, das Leben mit all jenen Gütern anzureichern, die zu Seelenfrieden und Gemütsruhe führen.

Zudem zeichnet sich die positive Geisteshaltung in der beharrlichen Suche nach dem »Keim für einen Vorteil oder einen Gewinn« aus, den alle Fehlschläge, Niederlagen oder Widrigkeiten, die wir erleben, in sich tragen. Und sie besteht darin, diesen »Keim« zum Sprießen zu bringen, damit er sich zum Vorteil für uns entwickelt. Nur mit positivem Denken können wir die nutzbringenden Lehren und den Keim für entsprechenden persönlichen Gewinn, die in allen unerfreulichen Erfahrungen enthalten sind, erkennen und daraus Vorteile für uns ziehen.

Positive Geisteshaltung, konstruktives Denken heißt, den eigenen Geist ständig mit Dingen und Umständen zu beschäftigen, die man sich im Leben wünscht, und ihn gegen alles abzuschotten, was man sich *nicht* wünscht. Viele von uns Menschen lassen sich auf ihrem ganzen Lebensweg von Ängsten, Befürchtungen und Besorgnissen wegen möglicher zukünftiger Unannehmlichkeiten beherrschen, die dann früher oder später auch prompt eintreffen. Und das Seltsame ist, daß diese Menschen meist anderen die Schuld an dem Unglück geben, das sie ganz allein durch ihre negative Geisteshaltung selbst heraufbeschworen oder gar verursacht haben.

Es ist eine unumstößliche Wahrheit, daß unser Denken allem, was wir denken, die entsprechende physische Gestalt verleiht. Wenn Sie in Begriffen der Armut denken, werden Sie in Armut leben. Denken Sie in Begriffen des Wohlstandes – und Sie werden den Wohlstand anziehen. *Durch das ewige Gesetz der harmonischen Anziehung schlagen sich die Gedanken eines Menschen materiell immer in den Lebensumständen nieder, die ihrer Natur entsprechen.*

Positives Denken heißt, alle unangenehmen Erfahrungen stets nur als Chance zu betrachten, um die eigene Fähigkeit zu testen; das heißt auch, Schwierigkeiten zu überwinden, indem man nach dem *Keim für einen Vorteil oder einen Gewinn* sucht, ihn findet und zum Sprießen bringt.

Positives Denken heißt, alle Probleme zu prüfen und klar zu unterscheiden zwischen denen, die man meistern kann, und jenen, die außerhalb der eigenen Kontrolle liegen. Ein Mensch mit positiver Geisteshaltung versucht diejenigen Probleme zu lösen, die den Möglichkeiten seiner Kontrolle unterliegen; und seine Einstellung jenen gegenüber, die sich seinem Einfluß entziehen, macht es unmöglich, daß seine positive Geisteshaltung in eine negative umschlägt.

Mit einer positiven Geisteshaltung kann man den Fehlern und Schwächen anderer Menschen gegenüber Nachsicht üben, ohne über ihre negative Einstellung schockiert zu sein oder sich von ihrer Denkweise beeinflussen zu lassen.

Positiv denken heißt auch, entschlossen zu handeln, erfüllt von dem Glauben an die Richtigkeit jedes Vorhabens und die eigene Fähigkeit, es zu verwirklichen.

Es heißt aber ferner auch, sich nicht nur mit der Erfüllung unumgänglicher Pflichten zu begnügen, sondern bessere Dienste zu leisten, als man eigentlich müßte, und zwar in freundlicher, liebenswürdiger Weise.

Positives Denken bedeutet, sich ein festes Ziel zu suchen und ohne Zögern darauf zuzugehen, unbeeinflußt von der Zustimmung oder den Warnungen anderer.

Positives Denken heißt, bei anderen nach guten Eigenschaften Ausschau zu halten, in der Überzeugung, solche zu finden, gleichzeitig aber darauf vorbereitet zu sein, unerfreuliche Eigenschaften wahrzunehmen, ohne vor Entsetzen in eine negative Geisteshaltung zu verfallen.

Es heißt aber auch, alle eigenen Emotionen zu beherrschen, indem man sie der Prüfung durch den Verstand und der Disziplin des Willens unterwirft.

Positives Denken äußert sich in der zur Selbstverständlichkeit werdenden Gewohnheit, allen angenehmen wie unangenehmen Tatsachen, die das eigene Leben betreffen, ins Auge zu sehen und in Notfällen einen kühlen Kopf zu bewahren.

Positives Denken beinhaltet die Anerkennung der universellen Schöpferkraft unendlicher Weisheit – es ist die Gewißheit, daß man an dieser Kraft Anteil hat und sie kraft *Glaubens* zur Verwirklichung bestimmter Ziele einsetzen kann.

Eine positive Geisteshaltung ist übrigens auch das wichtigste Hilfsmittel der *Anonymen Alkoholiker;* mit der Unterstützung dieser Organisation haben sich zahllose Menschen von ihrer Trunksucht befreit und werden sich noch viele davon heilen. Und diese positive Geisteshaltung ist auch die Grundvoraussetzung für den Erfolg im Kampf gegen übermäßiges Rauchen.

Sie ist unabdingbar für jede Form einer »Konditionierung des Denkens«, mit welchem Ziel auch immer, einschließlich der Ausschaltung aller Arten von Angst.

Alle Angewohnheiten eines Menschen – gute oder schlechte, bewußte oder unbewußte – erwachsen seiner Geisteshaltung. Deren Änderung ist aber auch das Mittel, mit dem man schlechte Angewohnheiten und widrige Umstände in etwas Nützliches umwandeln kann.

Positives Denken ist das einzige Mittel, das es dem Menschen gestattet, sein ererbtes Recht auf vollständige Kontrolle über den eigenen Geist wahrzunehmen, ohne fremde Hilfe zu brauchen oder sich von jemandem behindern zu lassen.

Es ist die Grundvoraussetzung, die uns in den Stand setzt, bei jedem Unternehmen selbst Stolpersteine in Stufen nach oben zum Fortschritt zu verwandeln.

Die Geisteshaltung teilt sich von einem Menschen zum andern mit, ohne daß ein Wort fällt, ohne ein besonderes Zeichen oder Handeln. Die Übermittlung erfolgt vielmehr auf dem Wege der Telepathie, und aus diesem Grund ist die Geisteshaltung ansteckend.

Die Geisteshaltung eines Menschen beim Essen fördert oder

verzögert die Verdauung, und eine negative Geisteshaltung kann sogar die Verdauungskräfte vollständig lähmen.

Die Geisteshaltung eines Redners entscheidet häufig darüber, wie seine Rede ausgelegt wird, und zwar in stärkerem Maße als die eigentlichen Worte, die er gebraucht. Auch die Geisteshaltung eines Schriftstellers fließt in das ein, was er schreibt, und teilt sich seinen Lesern mit.

Durch richtige Konditionierung und durch Kontrolle der Geisteshaltung kann sich jeder Mensch so beeinflussen, daß er mit allen unangenehmen Umständen fertig wird – selbst mit der schmerzvollen Situation nach dem Tod eines geliebten Menschen –, ohne sich völlig aus der Fassung bringen zu lassen.

Unsere Geisteshaltung ist gleichsam eine »Zweiwege-Schwingtür« auf dem Lebenspfad: sie kann in Richtung Erfolg oder in Richtung Scheitern aufgestoßen werden. Und das Tragische ist, daß die meisten Menschen diese Tür in die falsche Richtung öffnen.

Die Geisteshaltung eines Patienten ist für den Arzt bei der Behandlung aller körperlichen Leiden die stärkste Hilfe oder die schlimmste Behinderung, je nachdem ob sie eine positive oder eine negative Ausrichtung hat.

Diese Aufzählung bekannter Tatsachen macht verständlich, warum die *Geisteshaltung alles ist*: weil sie Einfluß auf jede unserer Erfahrungen hat und *weil sie ständig vollkommen unserer Kontrolle unterliegt.*

Welch ein erhebender Gedanke, welch tiefe Erkenntnis ist es doch, daß nur *eines* uns zum Erfolg führen oder zum Scheitern verurteilen, uns für alle Tage unseres Lebens mit Seelenfrieden segnen oder mit Elend schlagen kann, nämlich das Privileg, uns unserer Fähigkeiten bewußt zu werden und uns durch unser Denken auf Ziele hinzulenken, die wir selbst für uns wählen!

Wie läßt sich die Geisteshaltung kontrollieren und steuern?

Ausgangspunkte für die Kontrolle der Geisteshaltung sind Motiv und Wunsch. Niemand tut je etwas, ohne daß er ein Motiv (oder auch mehrere Motive) hat, und je stärker das Motiv, desto leichter ist die Kontrolle der Geisteshaltung.

Beeinflussen und kontrollieren können Sie die Geisteshaltung durch eine Reihe von Faktoren, beispielsweise:

1. durch den *inbrünstigen Wunsch*, ein Ziel zu erreichen, das auf einem oder mehreren der grundlegenden Motive beruht, die jedes menschliche Tun auslösen (vergleichen Sie bitte die Liste der neun grundlegenden Motive in Kapitel 7);

2. durch entsprechende Konditionierung Ihres Denkens, so daß Sie automatisch bestimmte positive Ziele auswählen und sie mit Hilfe der *acht Führungsprinzipien* anstreben, oder durch eine ähnliche Technik, die sicherstellt, daß Sie sich geistig ständig mit positiven Zielen beschäftigen, im Schlaf ebenso wie im Wachzustand (vergleichen Sie bitte die Beschreibung der Natur der *acht Führungsprinzipien* in Kapitel 4);

3. durch eine enge Verbindung mit Menschen, die zu aktivem Engagement in positiven Vorhaben ermutigen, und durch Ihre Weigerung, sich von negativ eingestellten Menschen beeinflussen zu lassen;

4. durch Autosuggestion, mittels derer Ihrem Bewußtsein ständig positive Anweisungen erteilt werden (die sich auch Ihrem Unterbewußtsein einprägen), bis es nur das anzieht, was diese Anweisungen fordern;

5. durch die tiefe Erkenntnis, daß jeder Mensch das ausschließliche Privileg der Kontrolle und Lenkung seines Bewußt- und somit auch des Gefühlslebens hat, und durch die Akzeptierung sowie die Nutzung dieser Kenntnis;

6. sogar durch Verwendung von Tonbändern oder Schallplatten, die Ihr Unterbewußtsein zu beeinflussen vermögen, selbst während Sie schlafen (das wird in Kapitel 4 kurz beschrieben).

Der *American Way of Life*, unser bewährtes System der Unternehmensfreiheit, und unsere persönliche Freiheit, die uns mit Stolz erfüllt, sind nichts anderes als die Geisteshaltung eines Volkes, das sich mit solchen Zielen organisiert hat und auf sie ausgerichtet ist. Ein herausragendes Moment des amerikanischen Volkes besteht darin, daß es in Gesetzgebung und Verwaltung für den Schutz des Individuums und seiner uneingeschränkten Kontrolle über seine Geisteshaltung vorgesorgt hat.

Eben diese uneingeschränkte individuelle Kontrolle über die eigene Geisteshaltung gab uns die bedeutenden Führungspersönlichkeiten, die unsere Lebensart und unser praxiserprobtes System der Unternehmensfreiheit gestalteten. *Und bezeichnend dafür ist, daß nur Menschen mit einer positiven Geisteshaltung zu großen Führern werden konnten.*

THOMAS A. EDISONS positive Geisteshaltung erhielt ihm während mehr als zehntausend Fehlschlägen seine ungebrochene Kraft und führte ihn schließlich zur Erfindung der Glühbirne. Mit ihr begann das Zeitalter der Elektrizität, das uns auf unvorstellbare Weise bereicherte.

HENRY FORDS positives Denken hielt ihn während der anfänglichen Schwierigkeiten beim Bau seines ersten Automobils über Wasser und war sein größtes Kapital bei der Errichtung seines riesigen Wirtschaftsimperiums, das ihn reich machte und das mehr als zehn Millionen Menschen mittelbar oder unmittelbar Arbeit gab.

ANDREW CARNEGIES positive Geisteshaltung hob ihn aus Armut und Bedeutungslosigkeit heraus und war sein wichtigster Aktivposten beim Aufbau der Stahlindustrie, die dann in Amerikas Wirtschaftssystem als bedeutendste Schlüsselindustrie fungieren sollte.

MAHATMA GANDHIS positives Denken (von ihm als *passiver Widerstand* bezeichnet) war der Kolonialmacht Englands überlegen, die Indien viele Generationen hindurch regierte. Nichts anderes als seine positive Geisteshaltung war es, die ein geistiges Bündnis von mehr als zweihundert Millionen seiner Anhänger zustandebrachte; es verlieh seinem *passiven Widerstand* gewaltige Kraft und befreite Indien schließlich von der Kolonialherrschaft, ohne daß ein einziger Schuß fiel oder ein einziger Soldat sein Leben ließ.

Die positive Geisteshaltung des Erbauers der Golden Gate Bridge schenkte uns die Hängebrücke mit der größten Spannweite der Erde, obwohl der erste Versuch ergeben hatte, daß ein solcher Plan bautechnisch nicht durchführbar sei.

Wo immer wir auf außergewöhnliche Führungspersönlichkeiten und ihre Leistungen stoßen, gleichgültig in welcher Gesellschaftsschicht oder Berufssparte, wir stellen stets fest, daß sie auf einer positiven Geisteshaltung fußen.

Eine positive Geisteshaltung ist die Gesamtsumme von Hoffnungen, Wünschen und Überzeugungen, die addiert und in *Glauben* umgewandelt worden sind! Und Glauben ist die offene Tür zur unendlichen Weisheit. Diese kann jedoch *nur derjenige* anzapfen und nutzen, *der beständig eine positive Geisteshaltung hat.*

Die gewichtigste Tatsache im Zusammenhang mit der positiven Geisteshaltung ist, daß jeder Mensch das Privileg genießt, sie sich zuzulegen und sie konstruktiv zu nutzen – *ein Privileg von unschätzbarem Wert, das nicht einmal etwas kostet.*

Das Geheimnis, wie diese tiefschürfende Wahrheit Sie geistig bereichern und Sie über sämtliche Hindernisse hinweg für Ihr restliches Leben zu Glück in allen Bereichen führen kann, wird in den nachfolgenden Kapiteln enthüllt.

Lesen Sie sie aufmerksam und aufgeschlossen, dann werden Sie mit einem Reichtum belohnt, der Ihnen angstfreie Gelassenheit und tiefen Seelenfrieden auf Dauer schenkt. In den folgenden Kapiteln werden Sie mit dem bedeutendsten lebenden Menschen bekanntgemacht. Wenn Sie seinen Namen herausfinden, dann kennzeichnen Sie die Seite, auf der er Ihnen offenbart wurde. Unterschreiben Sie die Seite auch, denn Sie haben einen neuen Bedeutungsinhalt dessen entdeckt, wozu wir für die kurze Spanne von Jahren, die da Leben heißt, auf dem Planeten Erde weilen.

In den nachfolgenden Kapiteln erhalten Sie genaue Anweisungen, wie Sie Ihre Geisteshaltung so ausrichten können, daß Sie

jegliche Angst vor einer Zahnbehandlung oder einem chirurgischen Eingriff ausschalten können. Das hier endende erste Kapitel
über die positive Geisteshaltung war eine Art Vorbetrachtung und
sollte Sie so vorbereiten, daß Sie die angekündigten Anweisungen
zur Überwindung unerfreulicher Situationen, in die Sie möglicherweise geraten, akzeptieren und befolgen können.

2

Ein Besuch im Tal der Lebenswunder

Vor einiger Zeit blätterte ich in meinem Lebensbuch die Seiten zurück, auf denen mein eigenes grandioses Gastspiel im Erdenleben
verzeichnet ist. Unversehens entdeckte ich auf den Seiten mit der
Überschrift »Dinge, die ich als unbedeutend oder nutzlos im Leben abtat« eine wahre Goldmine voller Schätze; sie alle werde ich
in diesem Buch beschreiben.

Warum dauerte es so lange, bis ich die sagenhaften Reichtümer
aufspürte, die ich einst übersehen hatte? Die Antwort wird klar,
wenn ich ihre Natur schildere. Bevor ich sie entdecken konnte,
mußte ich spirituell mündig werden; ich mußte Jugend gegen
Reife eintauschen und genügend Weisheit erlangen, um fähig zu
sein, diese Reichtümer »von innen« zu erkennen und richtig wahrzunehmen, mit Augen, die sich nicht durch die falschen Gewohnheiten der Menschen täuschen lassen. Als ich im Buch der Zeit
langsam Seite um Seite der erstaunlichen Aufzeichnungen zurück-
blätterte, begriff ich zu meiner Verblüffung, daß alles – jeder uns
Menschen bekannte Umstand, jeder Fehler, jedes Scheitern und
jeder Kummer – überaus segensreich werden kann, wenn wir all
dies im Geist der Harmonie betrachten, in seiner Natur verstehen
und zweckgerichtet auf uns selbst beziehen lernen.

Bei Analyse all jener Umstände meiner Vergangenheit, die ich
seinerzeit als unerfreulich oder schädlich angesehen hatte, stellte
ich zu meiner angenehmen Überraschung fest, *daß sie mir sogar
viele der Schätze von dauerhaftem Wert gebracht hatten, die ich
heute besitze.*

Meine Durchforschung des großen Buches der Zeit führte mich zur Entdeckung einer bislang unbekannten Methode, durch die sich alle vorangegangenen Fehler, Fehlschläge und Enttäuschungen in die denkbar reichsten Segnungen verwandeln lassen. Nach dieser Entdeckung blieb mir gar nichts anderes übrig, als dieses Buch hier zum Nutzen all jener Menschen zu schreiben, die in der Dunkelheit tastend den Weg zum Seelenfrieden suchen, den auch ich fast vierzig Jahre lang vergeblich gesucht hatte.

Bevor ich den »Abfallhaufen« aus Ideen und Umständen durchforstete, die ich einst gefürchtet oder als nutzlos verworfen hatte, war ich der Meinung gewesen, das Geheimnis von Erfolg und guter Leistung offenbare sich nur durch das Studium der Persönlichkeit und der Handlungsweise erfolgreicher Menschen.

Nachdem mir ANDREW CARNEGIE den Auftrag erteilt hatte, die erste praktische Erfolgsphilosophie der Welt auszuarbeiten, und nachdem ich durch ihn mit mehr als fünfhundert der erfolgreichsten Menschen seiner Zeit zusammengekommen war, hatte ich verständlicherweise diese Erfolgstypen als die einzige Quelle verwertbaren Wissens angesehen, derer man sich bedienen mußte, wenn man in unserer stark vom Konkurrenzdenken beherrschten Welt seinen Platz zu finden versuchte.

Inzwischen habe ich aber begriffen, daß dies eine falsche Schlußfolgerung gewesen war, denn ich fand heraus, daß die unveränderlichen Gesetze erfolgreicher menschlicher Leistung den Armen und Bescheidenen genauso zugänglich sind wie den Reichen und Stolzen.

Diese große Wahrheit erfaßte ich geradezu schockartig, als ich die Bekanntschaft eines ungebildeten Schwarzen machte, der im Süden der Vereinigten Staaten geboren war und sein Brot im Schweiß seines Angesichts verdient hatte. Als mir seine Geschichte zu Ohren kam, suchte ich ihn auf und unterzog ihn einer gründlichen, kritischen Analyse, denn ich hatte den brennenden Wunsch, das wirkliche Geheimnis seines dramatischen, unglaublich raschen Aufstiegs aus tiefer Armut zu großem Reichtum zu erfahren.

An einem heißen Sommertag blieb dieser Mann am Ende einer

langen Baumwollreihe stehen, stützte sich auf den Stiel seiner Hacke, wischte sich den Schweiß ab und rief gequält: »*O Herr! Warum muß ich bloß so schuften und krieg' nichts dafür als 'ne Hütte zum Schlafen und 'n Stück Schweinebauch zum Essen?*«

Sein Ruf wurde gehört und löste eine Reihe von Ereignissen aus, die das Leben von Millionen Menschen veränderten, deren Bestimmung es gewesen war, seine Geschichte zu hören.

Die Geschichte dieses Mannes führe ich hier an, weil sie eine perfekte Illustration der Richtigkeit des Ratschlags ist, den ich im Rahmen der anschließenden Kapitel all jenen geben werde, die nach materiellem Reichtum wie auch Seelenfrieden und den nötigen Kenntnissen der Meisterung unangenehmer Situationen oder Umstände streben.

Wegen seines Geburtsortes und seiner Hautfarbe befand sich dieser Mann von vornherein im Nachteil, doch *durch seine zufällige Frage, nichts sonst,* stimmte er sich auf eines der großen Wunder im Leben ein. Dadurch hob er sich in eine Stellung, die ihm Ruhm und Reichtum in einem Ausmaß brachte, wie es nur wenige kennen – selbst unter jenen, denen das Glück beschieden ist, eine akademische Ausbildung an einer renommierten Universität erhalten zu haben.

Die Antwort, die der Mann auf seine Frage erhielt, brachte ihn vor allem in Kontakt mit dem ersten Prinzip persönlichen Erfolgs, der *Eindeutigkeit des Ziels,* und stattete ihn mit einem klaren Plan zur Verwirklichung dieses Ziels aus. Es bestand in nichts Geringerem als dem Austausch seiner alten Persönlichkeit gegen eine viel größere – eine Persönlichkeit *mit der Macht, alles zu erlangen, was sie sich wünschte, ungeachtet von Rasse, Hautfarbe oder Glauben.* Die Lektüre dieses Buches wird Ihnen dazu verhelfen, ebenfalls eine Persönlichkeit solcher Art zu erlangen.

Gemäß der Antwort, die der Mann auf seine Frage erhalten hatte, versah er sich selbst umgehend mit höchster priesterlicher Würde – »als Gott in Person, der eine einzige wahrhaft lebende Gott aller Menschen auf Erden«. Was immer man von dem eindeutigen Ziel halten mag, das der Mann sich setzte, einen Minderwertigkeitskomplex, der leider das Leben allzu vieler beeinträchtigt, kann man ihm bestimmt nicht vorwerfen.

Bevor Sie irgendwelche Schlußfolgerungen aus der Selbsternennung des Mannes zu einem so hohen Rang ziehen, möchte ich Ihnen kurz schildern, wie weit er bei der Verwirklichung seines großen Ziels bereits gelangt ist. Vielleicht wird Ihr Urteil über ihn dann sachlicher ausfallen; vielleicht verurteilen Sie ihn dann nicht mehr, sondern bringen sich selbst voran, indem Sie einige der Kräfte, die er einsetzte, um sein Lebensziel zu erreichen, in Ihnen entdecken und entfalten.

Der Mann legte sich das eindrucksvolle Pseudonym FATHER DIVINE (göttlicher Vater) zu und gewann eine auf mehrere Millionen Menschen geschätzte Anhängerschaft, die sich über fast alle Staaten der USA und sogar einige andere Länder ausgebreitet hat und der auch zahlreiche Weiße angehören.

Father Divine bekam die Verwaltung riesiger Geldsummen übertragen, die als freiwillige Spenden eingingen. Er reiste in einem Rolls-Royce durchs Land und wohnte in vielen der Städte, die er besuchte, in seinen eigenen Hotels – damit konnte er immer der angenehmsten Unterbringung sicher sein. Rassenschranken betrafen ihn nicht mehr im geringsten. Seine riesige, verflochtene Organisation betrieb die vielfältigsten Unternehmungen, von einer Schubkarrenproduktion über Bekleidungsgeschäfte bis zu Restaurants – und überall bestand das Personal aus freiwilligen, »ehrenamtlichen« Helfern.

Wieviel Gutes Father Divines Reichtum anderen brachte, steht hier nicht zur Debatte, und ganz bestimmt möchte ich ihn zu diesem späten Zeitpunkt seiner Karriere niemandem »verkaufen«.

Der Zweck meiner Schilderung ist vielmehr, Sie mit der Natur des »Wunders« vertraut zu machen, auf das Father Divine unversehens stieß, vielleicht durch reinen Zufall. Ein »Wunder«, das ihn von der Benachteiligung befreite, unter der er wegen seiner Rasse und seiner Hautfarbe, seiner Armut und seines Mangels an Bildung litt – ein »Wunder«, das ihn unendlich reich machte.

Die Informationen über ihn sollen Ihnen zum Wohle dienen

und sollen Sie nicht etwa dazu verleiten, Father Divine nachzuei-
fern, sondern Sie inspirieren, ihn in dem Bereich zu übertreffen,
den *Sie* sich für *Ihren Dienst an der Menschheit* erwählt haben, sei
es die Religion oder ein anderes nützliches Gebiet. Natürlich können Sie sich auch damit begnügen, diese Informationen zum Abbau der Schwierigkeiten oder Belastungen in Ihrem persönlichen
Leben zu benutzen.

Das Geheimnis, das Father Divines Reichtum zugrunde liegt, ist
für mich nichts Neues. Seit mehr als vierzig Jahren erforsche ich
es, und ich habe sein erfolgreiches Wirken im Leben von mehr als
fünfhundert herausragenden Persönlichkeiten erlebt, mit denen
ich bei der Ausgestaltung meiner Wissenschaft des Erfolgs viele
Jahre zusammenarbeitete – Männern wie HENRY FORD, THOMAS A.
EDISON, DR. ALEXANDER GRAHAM BELL, WOODROW WILSON und WIL-
LIAM HOWARD TAFT.

Das Seltsame am höchsten Geheimnis persönlichen Erfolgs, wie
es sich mir durch genaues Studium dieser berühmten Männer im
Laufe unserer Zusammenarbeit erschloß, war: Bis auf drei hatten
alle keine Ahnung von der wirklichen Ursache ihres Erfolgs oder
der Natur jener Kraft, die ihnen einen derartigen Erfolg beschied.
Fast allen hatte sich das große »Wunder« unversehens offenbart,
in ähnlicher Weise wie FATHER DIVINE.

Wer das wahre Erfolgsgeheimnis dieses Mannes zu ergründen
versucht, wird nicht übersehen, daß er bei einer Anhängerschaft
dieser Größenordnung – von einer bis zu dreißig Millionen Menschen – irgendeine mysteriöse Anziehungskraft besessen haben
muß, die jemand, bei dem die Gier nach materiellen Dingen allein
vorherrscht, in der Regel nicht besitzt.

Hier, wie auch in anderen Kapiteln, möchte ich nachdrücklich
betonen, daß das »Geheimnis« finanziellen Erfolgs identisch ist
mit dem »Geheimnis«, durch das man körperlichen Schmerz oder
unangenehme Umstände in persönlichen Gewinn verwandeln
kann.

Auf den nachfolgenden Seiten werde ich das »Wunder«, das
Father Divines Erfolg zugrunde liegt, genau beschreiben. Mehr

noch, ich werde einige weitere »Wunder« schildern, die alle Menschen auf Erden wirken können – »Wunder«, die nur zum Teil erkannt werden und von denen nur selten Gebrauch gemacht wird, obwohl sie den Weg zu Seelenfrieden und zu Reichtum in Hülle und Fülle öffnen.

Alle Menschen – ausgenommen vielleicht einen unter zehn Millionen –, die meine nachstehende Auflistung von »Wundern« lesen, wird es schockieren oder zumindest überraschen, daß ich diese »Wunder« als erreichbare Besitztümer der höchsten Ordnung einstufe. Dieser eine unter den zehn Millionen wird nicht schockiert oder überrascht sein, weil er in die gleiche Kategorie gehört wie die Edisons, die Fords und die Father Divines, die zufällig auf das »Wunder« gestoßen sind und es dazu benutzt haben, ihr Schicksal nach ihren eigenen, selbst entworfenen Lebensplänen zu gestalten.

Bei unserer gemeinsamen Wanderung durch das »Tal der Lebenswunder«, von denen eines Father Divine aus größter Armut und Unwissenheit zu sagenhaftem Reichtum sowie zu ausreichender Bildung, um diesen verwalten zu können, aufsteigen ließ, werden Sie Grund zur Freude haben, wenn Sie das »Wunder« erkennen, das diese Veränderung bewirkte. Sollten Sie es in diesem Kapitel noch nicht erkennen, wird es Ihnen zweifellos in einem der nachfolgenden Kapitel offenbart, in denen ich alles niedergeschrieben habe, was der Mensch über den Weg weiß, der zu Seelenfrieden und Wohlstand führt.

Hier ein paar Fingerzeige, die Ihnen helfen können, Father Divine genau zu analysieren:

Die Zeit, der Ort und die Umstände, die den Beginn seines neuen Lebens markierten, wurden einzig von ihm selbst bestimmt und *unterstanden ganz seiner Kontrolle.*

Niemand half ihm oder verwies ihn auf die Möglichkeit, seine Armut und Unwissenheit abzustreifen und statt dessen Reichtum und Weisheit zu erlangen. Dieser Punkt wird hier besonders betont, weil der logische Schluß daraus natürlich lautet: daß *etwas, das ein ungebildeter Mann geschafft hat, jeder andere Mensch mit durchschnittlichen geistigen Fähigkeiten ebenfalls erreichen oder sogar übertreffen kann,* und zwar *auf jedem von ihm selbst gewählten Gebiet menschlichen Strebens.*

Kann ein vernünftig denkender Mensch bezweifeln, daß die Formel, mittels derer dieser Schwarze seine Armut gegen großen Reichtum eintauschte, es auch ihm ermöglichen wird, unerwünschte Umstände in einen entsprechenden persönlichen Nutzen zu verwandeln?

Worin besteht der Unterschied zwischen diesem Schwarzen und anderen seiner Rasse, die in den Vereinigten Staaten leben und theoretisch die gleichen Privilegien besitzen wie er, sie aber nicht für sich durchsetzen? Die Antwort auf die Frage gibt Ihnen einen deutlichen Hinweis auf das »Wunder«, das diesen selbsternannten Messias von einem in Armut lebenden »Niemand« zu einem sehr wohlhabenden »Jemand« machte.

Das »Wunder«, dem FATHER DIVINE sein verändertes Leben verdankte, ist genau das gleiche wie jenes, das HENRY FORD, THOMAS A. EDISON und ANDREW CARNEGIE auf ihren jeweiligen Gebieten in ungeahnte Höhen persönlichen Erfolgs emporhob; es ist genau das gleiche wie jenes, das für jedweden Fortschritt der Menschheit auf allen Gebieten verantwortlich ist.

Mit Hilfe dieses »Wunders« machte sich MILO C. JONES, Besitzer einer kleinen Farm bei Fort Atkinson (Wisconsin), zum Millionär, nachdem er von einer schweren Lähmung befallen worden war; seinen ungeheuren Erfolg erzielte er *genau auf jener Farm,* der er zuvor mühsam einen kargen Lebensunterhalt abgerungen hatte.

Die Zahl der Schüler des Autors dieses Buches, die mit Hilfe des »Wunders« zu Wohlstand gelangten, scheinbar unüberwindliche Probleme lösten, Schwierigkeiten meisterten und Seelenfrieden fanden, ist Legion. Solche erfolgreiche Schüler gibt es in praktisch allen Gesellschaftsschichten, Lebensbereichen oder Berufen fast überall auf der Erde. Alle Ausführungen und Beispiele im vorliegenden Buch sind darum während meiner mehr als vierzigjährigen Forschungsarbeit unzählige Male bestätigt worden, ihre Richtigkeit ist verbürgt!

DR. FRANK CRANE war Pastor einer kleinen Pfarrei in Chicago, die ihm kaum das Nötigste zum Leben einbrachte. Als Schüler des Autors entdeckte er das »Wunder«; dieses gab ihm die Idee ein, seine Predigten regelmäßig in mehreren Zeitungen gleichzeitig zu veröffentlichen. Dadurch brachte er es auf ein Jahreseinkommen von mehr als fünfundsiebzigtausend Dollar.

Was hat das alles zu tun – werden Sie fragen – mit der Beherrschung von Angst, körperlichem Schmerz, Kummer und den vielfältigen Enttäuschungen, die wir im irdischen Dasein erleben können? Und wie kann das Prinzip, das uns Menschen zu Reichtum verhilft, auch dazu dienen, körperliche Schmerzen völlig zu trennen vom Bohrer des Zahnarzts oder vom Skalpell des Chirurgen?

Haben Sie Geduld und lesen Sie weiter, sorgfältig und mit aufgeschlossenem Geist, dann finden Sie die Antworten auf diese und alle anderen Fragen, die Ihnen in den Sinn kommen, bevor Sie das »Wunder« erkennen.

Für den Fall, daß Sie voll Ungeduld fordern, das »Wunder« müsse Ihnen gleich im ersten Kapitel dieses Buches offenbart werden, möchte ich Ihnen eine Begebenheit erzählen, die sich in meiner Kindheit zutrug und mich nachhaltig beeindruckte.

Mein Großvater holte etwas Korn aus dem Hühnerhaus, verstreute es auf dem Erdboden und bedeckte es sorgfältig mit Stroh. Auf meine Frage, warum er sich diese Mühe mache, antwortete er: »Aus zwei sehr guten Gründen. Nummer eins: Wenn das Korn mit Stroh bedeckt ist, müssen die Hühner scharren und haben die körperliche Betätigung, die sie für ihre Gesundheit brauchen. Und Nummer zwei: Sie bekommen dadurch die Chance, Freude zu verspüren, denn sie können zeigen, daß sie gescheit sind, indem sie das Korn finden, das ich nach ihrer Überzeugung vor ihnen versteckt habe.«

Nun möchte ich mich der Analyse einiger jener kleineren »Wunder« zuwenden, die wir begreifen und richtig bewerten müssen, bevor wir die Natur des großen »Wunders« erfassen können, das eine grundlegende Veränderung unseres Lebens bewirkt. Das am gründlichsten mißverstandene dieser »Wunder« ist wohl jenes, das ich im nächsten Kapitel beschreibe; es offenbart den Punkt, von dem wir ausgehen müssen, wenn wir unerwünschte Lebensbedingungen gegen heiß ersehnte eintauschen wollen.

3

Das Gesetz des Wachstums durch Veränderung

Erstes Wunder des Lebens

Die *ewige Veränderung* wurde von mir dazu ausersehen, die Liste der Lebenswunder anzuführen, nicht unbedingt, weil es das wichtigste der hier beschriebenen Wunder ist, sondern weil sich die große Mehrheit der Menschheit *am erbittertsten dagegen wehrt.* Kaum jemand von uns kennt dieses Wunder wirklich und paßt sich ihm an. Das ist die Hauptursache aller unserer persönlichen Fehlschläge und Niederlagen.

Die tiefgreifenden Veränderungen der menschlichen Lebensweise offenbarten in der ersten Hälfte des zwanzigsten Jahrhunderts mehr Naturgeheimnisse, als man während der ganzen Vergangenheit unserer Zivilisation bis dahin entdeckt hatte. Die Kenntnis dieser Geheimnisse führte unter anderem zur Erfindung des Automobils, Radios, Fernsehens, Tonfilms, Flugzeugs, Radars, der Funktelegraphie, der Atomenergie und der Raumfahrt – alles Ergebnisse der sich ständig verändernden Prozesse des menschlichen Geistes.

Veränderung ist das unabdingbare Werkzeug für menschlichen Fortschritt; dies gilt für die Angelegenheiten der Völker ebenso wie für das Leben jedes einzelnen von uns. Jedes Geschäft oder Industrieunternehmen, das es versäumt, durch Veränderung vorwärtszugehen, ist zum Scheitern verurteilt. Auch der Wohlstand der heutigen Industrieländer ist das Produkt ständiger Veränderung.

Das Gesetz der Veränderung zählt zu jenen unerbittlichen Naturgesetzen, ohne die es Phänomene wie Kultur oder Zivilisation nicht gäbe. Ohne das Gesetz der Veränderung befände sich die Menschheit noch dort, wo sie einst begann – auf einer Stufe mit den Tieren und anderen Geschöpfen, die durch eine Instinktstruktur, über die sie sich nicht erheben können, gefesselt und eingeschränkt geblieben sind.

Durch das Gesetz der Veränderung – im allgemeinen bekannt als *Evolution* – hat die menschliche Gattung Schritt für Schritt die gemeinsame Basis verlassen, auf der sie mit der Tierfamilie stand und auf der das Schicksal aller Lebewesen durch einen vom Instinkt beherrschten Lebenszuschnitt bestimmt wurde. Langsam hat der Mensch sich zu einem Wesen von immer höherer Intelligenz entwickelt; heute steht er weit über den dreißigtausend Göttern, die er seit dem Beginn seines langen, mühseligen Wegs nach oben erschaffen und angebetet hat.

Die ganze Menschheitsgeschichte, diese Aufzeichnung des Lebens in allen seinen Formen, läßt ein ausgeprägtes Muster ständiger Veränderung erkennen. Kein Lebewesen ist nach Ablauf von zwei Minuten noch das gleiche wie zuvor. Diese Veränderung ist so unerbittlich, daß der gesamte Körper des Menschen alle sieben Monate eine vollständige Umwandlung einschließlich des Austauschs sämtlicher Körperzellen vollzieht.

Durch das Gesetz der Veränderung ermöglichte es unser Schöpfer den Menschen, sich vom Tier abzusondern. Es bewirkt unter anderem auch, daß sich die Wahrheiten des Lebens sowie die Gewohnheiten und Gedanken der Menschen unablässig zu einem besseren System zwischenmenschlicher Beziehungen hin entwickeln, die zu größerer Harmonie und tieferem Verständnis unter den Menschen führen. Dieses Gesetz müssen wir praktisch nutzen, um feste Gewohnheiten, die unsere Ängste vor körperlichem Schmerz hervorrufen, unter Kontrolle zu bringen.

Durch das Gesetz der Veränderung werden die Angewohnheiten der Menschen, die nicht dem Gesamtplan und dem Sinn des Universums entsprechen, in gewissen Zeitabständen von Kriegen,

Epidemien, Dürreperioden und anderen unwiderstehlichen Natur-
kräften zerschlagen, so daß der Mensch gezwungen ist, sich von
den Auswirkungen seiner Torheiten zu befreien und wieder von
vorn zu beginnen. Dieses Gesetz, das die Völker aller Länder
gleichrangig nebeneinander auf die Basis des Gesamtplans unseres
Universums stellt, *gilt mit gleicher Kraft für alle Menschen, die es
versäumen, Naturgesetze zu begreifen und sich ihnen anzupassen.*
»Füge dich in den Gesamtplan ein – oder gehe unter«, so lautet
die Warnung der Natur!

Die Ängste und Fehlschläge der Menschen, die Schocks und
Enttäuschungen, die sie in ihren Beziehungen erleben, sind alle
dazu bestimmt, sie von Gewohnheiten, an denen sie hartnäckig
festhalten, loszureißen und abzubringen, *damit sie bessere Wachs-
tumsgewohnheiten entwickeln, annehmen und für ihr Wohlergehen
nutzen können.*

Der Sinn aller Erziehung und Bildung ist es oder sollte es zumindest sein, den menschlichen Geist zum Wachstum und zur
Entwicklung *von innen heraus* anzuregen, ihn zu veranlassen, sich
durch ständige Veränderungen im Denkprozeß zu entfalten und
auszuweiten, so daß wir schließlich unsere potentiellen Kräfte erkennen und dadurch fähig werden, unsere persönlichen Probleme
zu lösen.

Beweise für die Übereinstimmung dieser Theorie mit den Plänen der Natur finden sich in der Tatsache, daß die besonders ge-
schulten Menschen aller Zeiten gewöhnlich die große *Universität
der harten Schläge* absolvieren und durch Erfahrungen *gezwungen
werden, sich zu entwickeln und ihre Geisteskraft zu nutzen.*

Das Gesetz des Wachstums durch Veränderung ist eines der
größten aller Erziehungsmittel! Erkennen Sie diese Wahrheit,
dann werden Sie sich nicht länger gegen die Veränderungen sträu-
ben, die Ihnen ein umfassenderes Verständnis Ihrer selbst und der
Welt insgesamt vermitteln. Und Sie werden sich nicht länger dagegen wehren, daß die Natur einige der Gewohnheiten zerschlägt,
die Sie gebildet und *die Ihnen weder Seelenfrieden noch materiellen
Wohlstand gebracht haben.*

Zu den menschlichen Charakterzügen, über die ein Erfolgslehrer am heftigsten die Stirn runzeln müßte, zählen Selbstgefälligkeit, Selbstzufriedenheit, Saumseligkeit, Angst und selbstauferlegte Einschränkungen; sie alle ziehen schwerwiegende Nachteile nach sich, die über jeden von uns verhängt werden, der sich diese Eigenschaften erlaubt.

Das Gesetz der Veränderung zwingt uns Menschen, ständig weiterzuwachsen. Wenn ein Volk, ein Unternehmen oder ein einzelner Mensch aufhört zu wachsen, wenn er in den immer gleichen Trott von Routinegewohnheiten verfällt, tritt irgendeine geheimnisvolle Kraft auf, zerschlägt die ganze Anordnung, zerstört die alten Gewohnheiten und legt das Fundament für neue, bessere. *In allem und jedem wirkt das Gesetz des Wachstums durch ewige Veränderung!*

Flexibilität – die Fähigkeit des Menschen, sich an die Umstände anzupassen, die sein Leben beeinflussen – ist eine der wichtigsten Eigenschaften einer anziehenden Persönlichkeit. Sie erleichtert auch die Anpassung an das große Gesetz des Wachstums durch Veränderung.

Die *Ford Motor Company* schwang sich vom bescheidenen Beginn in einer einzigen Ziegelhalle zu einem der größten Industrieunternehmen der Welt auf, das direkt und indirekt Hunderttausenden Menschen Arbeit gibt.

Henry Ford, der Gründer, hätte trotz seiner Genialität als Industriemanager das Unternehmen mindestens zweimal beinahe ruiniert, weil sich seine Flexibilität – die Fähigkeit, sich zu verändern – im Lauf der Jahre nicht weiterentwickelt hatte. Nach seinem Tod übernahm sein Enkel die Leitung der Firma. Im Vergleich zum Firmengründer war er ein Knabe, doch ihn zeichneten große Flexibilität und die Bereitschaft aus, dem Gesetz des Wachstums durch Veränderung zu folgen. Innerhalb weniger Jahre verwandelte der junge Mann die *Ford Motor Company* zu einem fortschrittlichen Unternehmen, das den meisten anderen weit voraus war. In kurzer Zeit erreichte er auf diesem Gebiet noch mehr als sein Großvater.

HENRY FORD II. erwies sich in bezug auf die Arbeitsverhältnisse, das Industriemanagement, die Konstruktion und das Styling von Automobilen als ein Mensch, der Veränderungen erfand, statt sie zu bekämpfen; durch diese praktische Anwendung von Weisheit machte er sich gewissermaßen über Nacht zu einem industriellen »Hexenmeister«.

Überall und allezeit schreit die Seele des Menschen auf, und ihr Aufschrei besagt: »Erwache, werde dir selbst gegenüber weise, wirf deine alten Gewohnheiten ab, bevor sie dich in Sklaverei schlagen und dich zu nachteiligen oder gar verhängnisvollen Erfahrungen zwingen. Wenn du deine Aufgabe erfüllen willst, während du hier bist, mußt du dich an das große Gesetz der Veränderung anpassen und ständig wachsen!«

Die Seele schreit auf, um uns Menschen wachzurütteln, und ihr Aufschrei besagt: »Alles, jeder Umstand und jede Situation, die dein Dasein berühren, angenehm oder unangenehm, sind von Nutzen für dein Leben. Akzeptiere sie bereitwillig, füge sie in den von dir erwählten Lebensplan ein und mache sie dir dienstbar, statt dich von ihnen durch Angst und Sorge quälen zu lassen!«

Viele Generationen einer Familie wuchsen im Bergland des Südwestens von Virginia in relativer Armut auf. Schließlich kam die Eisenbahn, und der Abbau der reichen Kohlevorkommen begann. Die Familie verkaufte ihr Land für eine astronomische Summe, zog in die Stadt und ließ sich ein modernes Haus mit drei hypermodernen Badezimmern bauen. Als es fertig war, duldete die »Sippenchefin« nicht, daß der Bauunternehmer bezahlt wurde, denn nach ihrer Ansicht fehlte etwas.

»Und was fehlt?« fragte der Bauunternehmer.

»Sie wissen genau, was fehlt«, erwiderte die alte Dame. »Bei dem Haus gibt es kein Häuschen.«

»Aber«, entgegnete der überraschte Bauunternehmer, »Häuschen waren längst unmodern geworden, als Sie in die Stadt zogen. Sie haben jetzt drei prächtige Bäder, in denen Sie Ihre Körperpflege und alles übrige abgeschieden und in großer Bequemlichkeit erledigen können.«

»Mein ganzes Leben lang«, rief die Frau, »habe ich es genossen, in meinem Häuschen den Katalog von Sears & Roebuck zu studieren, und ich denke gar nicht daran, jetzt im Alter auf dieses Vergnügen zu verzichten. Bauen Sie das Häuschen, oder Sie kriegen kein Geld.«

Das Häuschen wurde gebaut! Als die Frau es inspizierte, bemängelte sie: »Das taugt nichts! Es hat nur ein Loch im Sitz, wir haben bisher aber immer zwei Löcher gehabt.«

Ein zweites Loch wurde angebracht, und zusätzlich installierte der Bauunternehmer Leitungen für kaltes und warmes Wasser sowie ein Telefon, damit die alte Dame in dem Häuschen nicht nur ihren Katalog studieren, sondern auch ihre gesellschaftlichen Verpflichtungen erledigen konnte.

Persönliche Vorlieben und eingefahrene Gewohnheiten hatten die wünschenswerte Veränderung verhindert!

Nach der Erfindung der Registrierkasse kostete es die Hersteller große Mühe, die Kaufleute zum Aufstellen der Kassen zu bewegen. Die Kaufleute erklärten protestierend, der hohe Anschaffungspreis und die für die Bedienung erforderliche Zeit würden zuviel von ihren Gewinnen verschlingen. Das Verkaufspersonal geriet in heftige Erregung. Mit gerunzelter Stirn betrachteten viele Verkäufer die neuen Geräte, denn sie sahen in ihnen einen Hinweis, daß man sie der Unehrlichkeit verdächtige.

Das Gesetz der Veränderung ist jedoch unbeugsam und unumstößlich! Heute würde kein vernünftiger Kaufmann ein Einzelhandelsgeschäft, in dem jemand anderer als er selbst Bargeld in Empfang nimmt, ohne Registrierkasse betreiben. Und kein Verkäufer möchte mehr die Preise selbst addieren.

Als der Kongreß der Vereinigten Staaten das *Federal Reserve Banking System* einführte, hob unter den Bankern großes Protestgeschrei an. Das System bedeutete eine radikale Veränderung, und auch die Banker widersetzten sich sämtlichen Veränderungen, die ihre bisher praktizierte Geschäftstätigkeit zerstörten. Das neue System erwies sich jedoch als die beste Schutzeinrichtung für die Banken, und schlüge heute jemand die Abschaffung des Systems vor, würden die Banker vermutlich ebenso laut gegen die Veränderung protestieren.

Von größter Bedeutung für uns Menschen ist, daß der Schöpfer uns Fähigkeiten gab, mit deren Hilfe wir uns vom Tierverhalten zu lösen und zu geistiger Entscheidungsfreiheit aufzusteigen vermochten, dank deren wir Herr über unser irdisches Leben sein können. Diese gehorchen und genügen dem *Prinzip der Veränderung.* Durch den einfachen Vorgang einer veränderten, sich ändernden Geisteshaltung wird es uns Menschen möglich, jedes ersehnte Lebensmuster für uns zu entwerfen und es anschließend zu verwirklichen. Dies ist das absolut einzige, über das uns die unwiderrufliche, unangefochtene und unanfechtbare Macht der vollkommenen Kontrolle gegeben wurde – eine Tatsache, aus der wir entnehmen dürfen, daß unser Schöpfer sie als das wichtigste Vorrecht des Menschen betrachtete.

Diktatoren und Möchtegern-Welteroberer kommen und gehen. Sie *gehen* immer wieder, weil im Gesamtplan des Universums nicht vorgesehen ist, daß der Mensch versklavt wird. Gemäß dem ewigen Plan soll der Mensch vielmehr die Freiheit haben, sein Leben auf eigene Weise zu leben, sein Denken und Handeln zu steuern und sein Schicksal auf Erden selbst zu bestimmen.

Der Philosoph, der in die Vergangenheit zurückblickt, um zu ermitteln, was in der noch ungeborenen Zukunft geschehen wird, gerät nicht in Erregung, weil sich Machtbesessene wie HITLER oder STALIN vorübergehend im Licht ihres Ego sonnen und die Freiheit der ganzen Menschheit gefährden. Er weiß, daß sich alle Männer dieses Schlages mit ihren Exzessen, ihren Eitelkeiten und ihren Gelüsten nach Macht über die freie Welt selbst zerstören. Außerdem sind solche Möchtegern-Erstlicker der menschlichen Freiheit oft nur Dämonen, die unwillentlich als Schocktruppe dienen, um die Menschheit aus ihrer Selbstzufriedenheit aufzurütteln und den Weg für Veränderungen zu ebnen, die zu einer neuen, besseren Lebensweise führen.

Die Natur geleitet den Menschen mit friedlichen Mitteln durch eine Veränderung nach der anderen, solange er mitmacht; doch

wenn er sich auflehnt, das Prinzip der Veränderung vernachlässigt
oder ablehnt, greift sie zu drastischen Methoden. Er muß vielleicht den Tod einer geliebten Person oder eine Krankheit durch-
machen, einen geschäftlichen Fehlschlag oder den Verlust der Ar-
beitsstelle, so daß der Betroffene den Beruf wechseln und eine
Beschäftigung auf einem völlig neuen Gebiet suchen muß, wo sich
ihm bessere Möglichkeiten bieten, die er ohne die Zerstörung seiner alten Gewohnheiten nicht erkannt hätte.

Bei allen niedrigeren Lebewesen als dem Menschen vollzieht
die Natur das Gesetz der Fixierung von Gewohnheiten; beim
Menschen aber setzt sie genauso entschieden das Gesetz der Veränderung von Gewohnheiten durch. So aber stellt die Natur zugleich in einer unwiderruflichen Art sicher, daß wir gemäß der uns
bestimmten Position im Gesamtplan des Universums wachsen und
uns weiterentwickeln können.

THOMAS A. EDISON erlebte sein erstes größeres Mißgeschick, als
ihn sein Lehrer bereits nach drei Monaten Grundschulbesuch
heimschickte und ihm ein Schreiben an seine Eltern mitgab, in
dem er bescheinigte, der Junge sei nicht geeignet für eine schuli-
sche Ausbildung. Edison besuchte nie mehr eine Schule, das heißt
nie mehr eine konventionelle Schule. Er schulte sich von nun an
selbst, und zwar an der »großen Universität der harten Schläge«,
wo er eine Ausbildung erlangte, die ihn zu einem der größten Erfinder aller Zeiten werden lassen sollte. Doch bevor er an dieser
»Universität« seinen Abschluß machte, wurde er aus einer Stellung
nach der anderen gefeuert, denn die Hand des Schicksals führte
ihn durch jene *wesentlichen Veränderungen,* die ihn auf seine großartige Erfinderlaufbahn vorbereiteten. Ein konventioneller Schul-
unterricht hätte diese Laufbahn wohl vereitelt.

Die Natur weiß, was sie tut, wenn sie dafür sorgt, daß jemand
von Widrigkeiten, körperlichem Schmerz, Kummer, Verzweiflung, Fehlschlägen und vorübergehendem Niedergang getroffen
wird. Prägen Sie sich das ein, und ziehen Sie Nutzen daraus,
wenn Sie wieder einmal mit Widrigkeiten zu kämpfen haben! Statt
empört aufzuschreien oder vor Angst zu zittern, sollten Sie den

Kopf erheben und rundum nach dem Keim eines Vorteils oder Nutzens Ausschau halten, den bekanntermaßen jeder widrige Umstand in sich trägt.

Mir persönlich machen revolutionäre Veränderungen in meinem Leben nie Angst, gleichgültig ob ich sie freiwillig vornehme oder ob sie mir durch unangenehme Umstände, über die ich keine Kontrolle habe, aufgezwungen werden. Der Grund für meine Angstlosigkeit ist, *daß ich zumindest die Kontrolle über meine Reaktion auf diese Umstände habe.* Und ich übe das Privileg der Kontrolle auch aus, nicht durch Klagen, sondern durch die Suche nach dem Keim eines Vorteils oder Gewinns, den ja jede Erfahrung in sich birgt und den ich mir zunutze machen will.

Das Buch in Ihren Händen ist tatsächlich das Ergebnis ständiger, oft drastischer Veränderungen, die ich während fast eines halben Jahrhunderts auf meinem Lebensweg vollziehen mußte. Viele dieser Veränderungen wurden mir aufgezwungen, einige leitete ich freiwillig in die Wege. Alle zusammen aber erschlossen mir letztendlich das Geheimnis von Seelenfrieden und materiellem Wohlstand.

Als mich ANDREW CARNEGIE beauftragte, mit den Forschungen zur Ausarbeitung der ersten praktischen Erfolgsphilosophie der Welt zu beginnen, war ich für meine neue Aufgabe ganz und gar nicht gerüstet; ich kannte, offengestanden, nicht einmal die genaue Bedeutung des Wortes »Philosophie« und mußte mich erst einmal in einem Lexikon informieren.

Wenn je jemand eine Arbeit am Nullpunkt begann, dann war ich das damals! Die unumgänglichen Vorbereitungen für eine erfolgreiche Durchführung der mir von Mr. Carnegie übertragenen Aufgabe beschränkte sich keineswegs auf bloße Veränderungen; sie beinhalteten praktisch einen *völligen Neuaufbau!* Ein Glück vermutlich, denn das Wissen, das ich bei meinen persönlichen Kämpfen erwarb, führte mich schließlich zur Erkenntnis des höchsten »Wunders«, das den Kernpunkt meines Entschlusses bildete, dieses Buch zu schreiben.

Der Neuaufbau bestand darin, selbsterworbene *Versagensge-*

wohnheiten in *Erfolgsgewohnheiten* umzuwandeln, die mir letztendlich ein ausgewogenes Leben mit all den Möglichkeiten bescherten, die ich für den von mir gewählten Lebensstil brauche
oder mir wünsche.

Zu den Veränderungen, die ich als Vorbereitung auf mein Lebenswerk vornehmen mußte, zählten:

1. die Heilung von der Gewohnheit, mich wegen mangelnden
   Selbstvertrauens unter meinem Wert zu verkaufen;

2. das Ablegen der Gewohnheit, mich den sieben grundlegenden
   Ängsten hinzugeben, darunter der Angst vor Krankheit und
   körperlichem Schmerz;

3. das Freiwerden von der Gewohnheit, mich durch selbstauferlegte Beschränkungen an Mangel und Not zu fesseln;

4. das Zerschlagen der Unterlassungsgewohnheit, mich geistig
   bewußt zu steuern und auf die Verwirklichung all meiner
   Wünsche auszurichten;

5. die Genesung von meiner Versagensgewohnheit, die mich
   daran hinderte, mich im Geist bescheidener Dankbarkeit auf
   persönliche Anerkennung und das Freisein von Mangel einzu-
   stimmen;

6. die Änderung meiner Gewohnheit zu erwarten, daß ich ernten
   könne, ohne zu säen (ich verwechselte meine *Bedürfnisse* mit
   meinen *Rechten* zu empfangen);

7. die Ausmerzung der falschen Überzeugung, daß *Rechtschaf-
   fenheit* und *Lauterkeit des Ziels* allein schon zum Erfolg führen;

8. die Loslösung von dem Irrglauben, daß man *Bildung* nur
   durch den Besuch höherer Lehranstalten erlangen könne;

9. die Korrektur der Gewohnheit, mein Leben *nicht* nach einem
   praktischen Haushaltsplan unter Nutzung der *Zeit* zu planen;

10. die Umwandlung der Gewohnheit, *nicht* den größten Teil meiner *Zeit* der Verfolgung meines Hauptziels im Leben zu widmen;

11. die Unterdrückung meiner Gewohnheit, ungeduldig zu sein;

12. die Beseitigung meiner Unterlassungsgewohnheit, Inventur all meiner nichtmateriellen Reichtümer zu machen und mich dafür zu bedanken;

13. das Ausräumen der Gewohnheit, mehr materiellen Reichtum erwerben zu wollen, als ich legitim verbrauchen konnte;

14. die Umkehr der Gewohnheit zu glauben, daß *Nehmen* seliger sei als *Geben*;

15. schließlich die Abkehr von der Gewohnheit, *nicht* zu versuchen, die Quelle der unendlichen Weisheit zu erkennen, sie anzuzapfen und für jeden gewünschten Zweck zu nutzen – durch Auflösung des *höchsten Wunders*.

Diese Liste enthält nicht alle Änderungen, die ich in meinen Denk- und Handelnsgewohnheiten vollziehen mußte, aber einige der wichtigsten. Aus ihnen wird vor allem ersichtlich, daß das *Gesetz der Veränderung* in meinem Leben eine bedeutsame Rolle spielte und daß ich mich, hätte ich die Änderungen nicht vollzogen, des Privilegs beraubt hätte, der Welt die erste brauchbare Philosophie persönlichen Erfolgs zu geben. Sie trug mir weit mehr Anerkennung ein, als ein einzelner Mensch auf dieser Daseinsebene braucht.

Durch die offene Schilderung solch intimer Umstände meines Lebens hoffe ich, Sie zu der Erkenntnis zu bringen, daß auch Sie einige Ihrer Gewohnheiten ändern müssen, bevor Sie ein erfülltes, ausgewogenes Leben führen können, das Ihrem eigenen Plan und Stil entspricht.

Das Ausmaß, in dem Sie Ihre gegenwärtigen Gewohnheiten ändern müssen, können ganz allein Sie bestimmen; auf jeden Fall aber muß die Beherrschung der sieben grundlegenden Ängste auf

Ihrer Änderungsliste stehen, wenn Sie ein ausgewogenes, erfülltes Leben anstreben.

Diese sieben grundlegenden Ängste bitte ich Sie, ein für allemal abzulegen:

1. Angst vor *Armut,*

2. Angst vor *Kritik,*

3. Angst vor *Krankheit* und *körperlichem Schmerz,*

4. Angst vor *Liebesverlust,*

5. Angst vor dem *Verlust der Freiheit,*

6. Angst vor dem *Alter,*

7. Angst vor dem *Tod.*

In den nachstehenden Kapiteln erhalten Sie Anleitungen zur Bezwingung dieser und aller anderen Ängste durch neue Denkgewohnheiten, die Sie anstelle Ihrer alten Gewohnheiten, die Ihre Ängste überhaupt erst ermöglicht haben, entwickeln und einsetzen müssen. Welche Änderungen bei Ihnen auch immer notwendig werden, damit sich Ihr Leben harmonisch gestaltet, eine unverrückbare Tatsache ist, daß die Bezähmung beziehungsweise Überwindung der oben angeführten Ängste in Ihrem Umgestaltungsprogramm ein »Muß« darstellt.

Schöpfen Sie Zuversicht und Mut aus meinem Versprechen, daß Ihnen die korrigierenden Anweisungen weder Härten noch Taten zumuten, die über Ihre Kontrollfähigkeit hinausgehen. Natürlich fordern sie ihren Preis, aber den können alle normalen Menschen sehr gut bezahlen.

Wegen unserer täglichen Gewohnheiten stehen wir, wo wir stehen, und sind wir, was wir sind!

Unsere Gewohnheiten unterliegen unserer individuellen Kontrolle und können jederzeit geändert werden: durch den Entschluß und den Willen, sie zu ändern. Dies ist ein Privileg, und zwar das einzige, zu dem jeder Mensch befähigt und ermächtigt ist. Gewohnheiten werden durch unser Denken geschaffen, und einzig und allein über unser Denken gab uns der Schöpfer die Möglichkeit beliebiger Veränderung, die wir uns wünschen. Wer von dieser Möglichkeit Gebrauch macht, wird zuhöchst belohnt werden; alle, die sie ausschlagen, werden in materieller und seelisch-geistiger Hinsicht verhängnisvolle Nachteile in Kauf nehmen müssen.

4

Unsere unsichtbaren Führer

Zweites Wunder des Lebens

Unsichtbare Führer, deren Existenz nur von jenen Menschen bewiesen werden kann, die sie erkennen und ihre Dienste akzeptieren, stehen uns vom Augenblick unserer Geburt bis zu unserem Tod zur Verfügung.

Diese gestaltlosen Glücksbringer unterstützen uns, während wir wach sind, und wachen über uns, während wir schlafen, auch wenn die meisten von uns durchs Leben gehen, ohne je ihr Vorhandensein zu bemerken.

Es ist nicht meine Absicht, hier einen langen Vortrag über Beweise für die Existenz unsichtbarer Führer zu halten, die uns Menschen helfen. Ich will lediglich meine Mitstreiter auf diese Führer aufmerksam machen, jene Menschen, die bei ihrer Suche nach einer Lebensweise, von der die Befriedigung aller Bedürfnisse und Seelenfrieden zu erwarten sind, sämtliche auffindbaren Hilfsquellen einsetzen wollen.

Ohne die Unterstützung meiner unsichtbaren Führer, die ich als »Prinzen« bezeichnen werde, wäre es mir nie gelungen, der Welt die Wissenschaft des Erfolgs zu geben, die jetzt Millionen Menschen befähigt, ihre *inneren Kraftquellen* zu erkennen und praktisch zu nutzen.

Acht meiner unsichtbaren Führer habe ich erkannt und mit Namen versehen, entsprechend der Art der Dienste, die sie leisten. Alle acht werden ausführlich beschrieben; Sie sollten aber stets daran denken, daß die *acht Führungsprinzen* ein Produkt meiner

Phantasie sind, daß aber ein jeder, der sie engagieren möchte, sie genauso für sich erschaffen kann.

Ich behandle meine acht Führungsprinzen, als ob sie wirkliche Menschen wären, deren Dienste mir mein ganzes Leben lang zur Verfügung stehen. Ich erteile ihnen Befehle und bedanke mich für ihre geleisteten Dienste, genau wie ich es bei wirklich lebenden Menschen tun würde.

Hier nun die Kennzeichen der acht Führungsprinzen und eine Erläuterung der Dienste, die sie mir leisten.

Die acht Führungsprinzen

1. Prinz des finanziellen Wohlstands

Dieser unsichtbare Führer ist einzig dafür verantwortlich, mich ausreichend mit allen materiellen Dingen zu versorgen, die ich mir wünsche oder die ich brauche, um den von mir erwählten Lebensstil aufrechtzuerhalten. Geldsorgen, die im Leben vieler Menschen immer wieder den Seelenfrieden stören, habe ich noch nie gehabt. Benötige ich Geld, welche Summe auch immer, ist es stets da. *Aber ich erwarte oder erhalte nie Geld, ohne etwas Gleichwertiges dafür zu geben* – gewöhnlich in Form eines Dienstes, den ich zum Wohl anderer leiste.

2. Prinz der körperlichen Gesundheit

Dieser unsichtbare Führer ist einzig dafür verantwortlich, meinen Körper zu allen Zeiten vollkommen gesundzuerhalten. Dazu gehört auch die Konditionierung des Körpers für alle Anpassungen, die vollzogen werden müssen, beispielsweise jene der Vorbereitung auf eine Zahnbehandlung. Bevor dieser Prinz seine Aufgabe übernahm, litt ich an Kopfschmerzen, Verstopfung und gelegentlicher physischer Erschöpfung, doch jetzt ist das alles behoben. Der Prinz der körperlichen Gesundheit sorgt dafür, daß alle lebenswichtigen Organe meines Körpers

ständig gut funktionieren und auf dem Posten sind, daß die Milliarden Zellen meines Körpers stets die nötige Widerstandskraft haben und daß *immer eine ausreichende Immunität gegen alle ansteckenden Krankheiten herrscht.* Lassen Sie mich hier jedoch darauf hinweisen, daß ich mit dem Prinzen der körperlichen Gesundheit zusammenarbeite, und zwar durch eine vernünftige Lebensweise mit richtiger Ernährung, der richtigen Menge Schlaf und *Gewohnheiten, die einen harmonischen Ausgleich meiner Arbeit durch eine entsprechende Menge Entspannung sicherstellen.* Vor allem aber *befleißige ich mich ständig positiver, also aufbauender Gedanken* und erlaube mir nie, mich Angst, Aberglauben oder Hypochondrie zu überlassen. Außerdem gebe ich jedem Bissen Nahrung und jedem Tropfen Flüssigkeit, der in meinen Mund gelangt, *eine großzügig bemessene Portion ehrfürchtiger Verehrung* mit, durch die ich meinem unsichtbaren Führer, dem Prinzen der körperlichen Gesundheit, für die Aufrechterhaltung vollkommener Gesundheit in meinem ganzen Körper danke.
Ich erfreue mich in meinem Leben friedlicher Ruhe, bei allen Tätigkeiten und in allen Erfahrungen; und es ist mir ein besonderes Anliegen, meine Nahrung in einer Atmosphäre fröhlicher Heiterkeit zu mir zu nehmen. In meinem Zuhause gibt es keine festgesetzte Zeit für Familiendisziplinierungen, doch wenn es eine gäbe, wäre es bestimmt nicht die Essenszeit, die in so vielen Familien dafür benutzt wird.
Jeder Gedanke, den jemand während des Essens äußert, wird ein Teil jener Energie, die in unsere Nahrung eingeht, in den Blutstrom gelangt und ihren Weg zum Gehirn nimmt. Dort wirkt dieser Gedanke segnend oder verhängnisvoll, je nachdem ob er positiv oder negativ ist. Den Beweis für diese Wahrheit liefern stillende Mütter. Wenn sie sich aus irgendeinem Grund Sorgen machen oder negativ denken, während sie ihre Kinder nähren, »vergiftet« ihr Geisteszustand ihre Milch, und die Kinder bekommen Verdauungsstörungen oder eine Kolik. Die meisten Magengeschwüre entstehen, wie unter den Medizinern

hinlänglich bekannt, als Folge von Angst, Panik, Streß, Sorgen und negativem Denken. Deshalb versteht es sich von selbst, daß der Prinz der körperlichen Gesundheit ein hohes Maß an kluger Mitarbeit braucht, um sicherstellen zu können, daß unser Körper normal und wirksam funktioniert. Diese Mitarbeit ist der Preis, den wir für unsere Gesundheit bezahlen müssen.

3. Prinz des Seelenfriedens

Dieser unsichtbare Führer ist einzig dafür verantwortlich, Geist und Seele von störenden Einflüssen wie Angst, Aberglauben, Geiz, Neid, Haß und Besitzgier freizuhalten. Die Arbeit dieses Prinzen steht in enger Beziehung zu jener des Prinzen der körperlichen Gesundheit. Dank der Arbeit dieses Prinzen kann man alle Gedanken an unangenehme Umstände aus der Vergangenheit abschalten, ebenso auch alle Gedanken an unangenehme Erfahrungen, die einem in der Zukunft bevorstehen, wie beispielsweise eine Operation.

Der Prinz des Seelenfriedens hält Geist und Psyche so sehr mit Themen beschäftigt, die man selbst ausgewählt hat, daß kein Raum für bewußte oder abschweifende Gedanken negativer Art bleibt. *Für solche Gedanken sind die Türen fest verschlossen!* Dieser Prinz errichtet einen Schutzwall um die von ihm betreute Person, der alles abhält, was zu Sorge, Angst oder Bangigkeit Anlaß geben könnte. Ausgenommen sind nur Umstände, die in Verbindung mit den Verpflichtungen der Person gegenüber anderen Menschen ein legitimes Recht haben, Beachtung zu finden; sie werden jedoch so abgeändert, daß sie sich leicht bewältigen lassen.

Natürlich gibt es immer zwischenmenschliche Beziehungen, die vorübergehend unerfreulich sein können und mit denen man sich befassen muß, beispielsweise im Zusammenhang mit der Leitung eines Unternehmens, mit beruflichen Fragen oder finanziellen Angelegenheiten der Familie. Und es gibt immer

auch traurige Notfälle, mit denen man fertigwerden muß, beispielsweise mit dem Tod von Freunden oder geliebten Menschen. In allen diesen Fällen hilft der Prinz des Seelenfriedens
seinem Schützling, die richtige Einstellung dazu zu finden,
ohne aus dem seelischen Gleichgewicht zu geraten.

4. Prinz der Hoffnung
5. Prinz des Glaubens *treten als Zwillinge auf*

Diese unsichtbaren Führer sind einzig dafür verantwortlich,
mir zu allen Zeiten und unter allen Umständen das Tor zur unendlichen Weisheit offenzuhalten. Dieses Zwillingspaar sorgt
dafür, daß ich mich nicht durch unnötige Beschränkungen in
Verbindung mit meinem Lebenswerk selbst behindere, und es
hilft mir, meine Pläne so zu gestalten, *daß sie den Gesetzen der
Natur und den Rechten meiner Mitmenschen gerecht werden.*
Außerdem helfen mir die beiden, meine Pläne als verwirklichte
Realität zu sehen, *noch bevor ich sie überhaupt in die Tat umzusetzen beginne.* Sie halten mich davon ab, Pläne zu schmieden
oder Ziele anzustreben, die bei einer Realisierung mir selbst
oder anderen schaden könnten.
Die Prinzen der Hoffnung und des Glaubens stellen sicher, daß
ich ständig mit den spirituellen Kräften in Verbindung bleibe,
die durch mich wirken; sie führen mich auf Ziele zu, die allen
nützen, mit denen ich in Berührung komme – entweder persönlich oder durch meine Veröffentlichungen. Das erklärt unter
anderem, warum so viele Leser meiner Bücher bei der Planung
und Gestaltung ihres Lebens so erfolgreich sind.
Die beiden Prinzen schüren in mir stets genügend Begeisterung, um mich vor ängstlichem Zaudern zu bewahren. Sie halten meine Phantasie wach und rege, wenn ich die Arbeit plane,
der ich mein Leben verschrieben habe. Sie ermöglichen mir, in
allem, was ich tue, Freude und Glück zu finden. Und sie helfen
mir, die Übel der Welt zu deuten, ohne mich von ihnen erfassen oder verletzen zu lassen. Außerdem erlauben sie es mir,

meinen Weg mit allen Menschen zu gehen, Heiligen wie Sündern, aber *trotzdem Herr meines Schicksals und Gebieter meiner Seele zu bleiben!* Sie halten mein Ich munter und aktiv, dabei jedoch bescheiden und dankbar. Schließlich helfen sie mir, in unserer Welt, in der die menschlichen Beziehungen raschen Veränderungen unterliegen, stets *auf* den Wellen jeglicher Konfusion zu schwimmen, *ohne mein unveräußerliches Privileg der Ausrichtung meines Denkens ausschließlich auf die von mir erwählten Ziele zu vernachlässigen oder aufzugeben.*

Mit der Hoffnung und dem Glauben als ständigen Führern überwinde ich die Widerstände und unangenehmen Erfahrungen des Lebens, indem ich sie in positive Kräfte verwandle, mit deren Hilfe ich alle meine Vorhaben zum guten Ende führe. So ziehe ich aus allem Nutzen, was mir im Leben widerfährt.

6. Prinz der Liebe   ⎫
                        ⎬   *treten als Zwillinge auf*
7. Prinz der Partnerschaft ⎭

Diese unsichtbaren Führer sind einzig dafür verantwortlich, mich körperlich wie geistig jungzuhalten. Sie erfüllen ihre Aufgabe so gut, daß ich jeden Geburtstag fröhlich feiere und *immer ein Jahr von meinem Alter abziehe!* Das erfreuliche Ergebnis ist, daß ich fühle, denke, arbeite und spiele, als ob ich zwanzig Jahre jünger wäre.

Die Prinzen der Liebe und der Partnerschaft machen meine Arbeit zu einem Vergnügen, bei dem es weder Mutlosigkeit noch Ermüdung gibt, und *sie regen meine Phantasie dazu an, ohne Mühe die geistigen Modelle all dessen zu erschaffen, was ich zu erreichen wünsche.*

Diese unsichtbaren Führer verhelfen mir dazu, daß ich immer wieder die Phantasien und die Liebeserlebnisse vergangener Tage durchleben kann; sie bringen mir die Erinnerungen zurück, die dazu gedient hatten, mich mit meinem »anderen Ich« bekannt zu machen, jenem Ich, das die Schönheiten des Lebens umarmt und seine Unerfreulichkeiten meidet.

Liebe und Partnerschaft unterstützen mich beim Austausch von Kümmernissen, Enttäuschungen und Fehlschlägen der Vergangenheit gegen Weisheit, und sie bewirken in meiner Seele eine Verfeinerung oder Vervollkommnung, die auf keinem anderen Weg zu erreichen wäre. Sie helfen mir, den Sinn meines irdischen Daseins zu erkennen, und sie liefern mir die Mittel, alle Hindernisse zu überwinden, die ich überwinden muß, um diesen Lebenssinn zu erfüllen. Dank ihnen lohnt sich jeder Tag meines Lebens und bringt mir Dividenden in Form von Freuden ein, die mehr als ein Ausgleich für den Kampf sind, den jeder Tag unweigerlich erfordert.

Die beiden Prinzen haben mich elastisch gemacht, anpassungsfähig an alle Umstände, die mein Leben beeinflussen, angenehme wie unangenehme. Auf diese Weise verwirke ich das Privileg nicht, mein Denken bewußt zu steuern und es auf meine Ziele auszurichten.

Sie impfen mir ein starkes Gefühl der Menschenliebe ein, dank derer ich mich in sämtlichen zwischenmenschlichen Beziehungen in vorteilhafter Weise anpasse. Außerdem helfen sie mir, Menschen und Umstände anzuziehen, die ich benötige, damit sie in mir Dankbarkeit für mein irdisches Dasein wecken.

Die Zwillingsprinzen sorgen dafür, daß ich in jeder Widrigkeit, Frustration, Niederlage und Enttäuschung den Keim für einen Vorteil oder einen Nutzen erkenne, ihn zum Sprießen und zur Entwicklung durch Wachstum bringe.

Einzig durch sie ist es mir möglich, dankbar die Jugend für jene Weisheit einzutauschen, mit der ich dem »Geschäft des Lebens« mein eigenes Preisschild anhefte und das Leben *gemäß meinen eigenen Vorstellungen lohnend gestalten kann.* Sie halten mich auch davon ab, *zuviel zu wollen* oder *mich mit zuwenig zufriedenzugeben.* Sie haben mich gelehrt zu beten: »Hilf mir, o Herr, jene Dinge zu erlangen, die gut für mich sind, und verhindere, daß ich Dinge erlange, die ich nicht brauche.«

Die Prinzen der Liebe und der Partnerschaft sind die Innendekorateure des Raums, in dem meine Seele wohnt! Sie machen mich dankbar für alles, was ich habe, und lassen mich keinen Dingen nachtrauern, die ich nicht besitze. Sollte ich je Liebe geben, ohne daß sie erwidert wird, sorgt der zweite Prinz dafür, daß ich einen Ausgleich in der Freude finde, die mir *das Geben der Liebe als solches* bereitet; und er vermittelt mir die Erkenntnis, daß Liebe als Wohltat auf den zurückfällt, der sie gibt, auch wenn sie nicht erwidert wird.

Die beiden Prinzen helfen mir, Mitleid für andere zu zeigen, wenn ich ohne diese Führer vielleicht Haß empfinden würde, und sie heilen rasch die Wunden, die mir andere Menschen durch Kränkungen und Ungerechtigkeiten zufügen.

8. Prinz der Gesamtweisheit

Dieser unsichtbare Führer ist dafür verantwortlich, die mir geleisteten Dienste zu vervielfältigen. Vor allem inspiriert er die sieben anderen Prinzen zu fortwährender Aktivität, damit jeder von ihnen seine Pflichten möglichst vollkommen erfüllt und mich beschützt, im Wachen wie auch im Schlafen.

Der Prinz der Gesamtweisheit leistet mir außerdem noch einen anderen, geradezu wunderbaren Dienst, indem er sämtliche Fehlschläge, Niederlagen und unangenehmen Umstände aus meiner Vergangenheit in persönlichen Gewinn verwandelt. Er macht alles, was früher mein Leben beeinflußte, zu Aktivposten von großem Wert.

Dieser Prinz gewährt mir Führung an den Kreuzungen des Lebens, wenn ich mir nicht sicher bin über den einzuschlagenden Weg, und er gibt mir bei all meinen Vorhaben, Plänen und Unternehmungen grünes oder rotes Licht.

Neben den acht genannten Prinzen dienen mir weitere unsichtbare Führer. Ihre Namen kenne ich jedoch nicht. Auch das Ausmaß und die Art der Dienste, die sie leisten, sind mir nicht völlig bekannt; ich weiß nur, daß mir alles, was ich für die Fortführung meines Lebenswerks brauche oder mir zur Wahrung meines Seelenfriedens wünsche, zu Gebote steht, ohne daß ich mich darum bemühen oder mir deswegen Sorgen machen müßte.

Auf diese geheimnisvollen Führer wurde ich vor vielen Jahren aufmerksam. Sie zerstörten damals meine Pläne durch harte Fehlschläge, weil ich von meinem Hauptauftrag im Leben, der Ausarbeitung und Verbreitung der Wissenschaft des Erfolgs, abschweifte. Seinerzeit, als ich im Zusammenhang mit meinem Lebenswerk in der Öffentlichkeit Anerkennung zu finden begann, boten sich mir immer wieder scheinbar sagenhafte Chancen, meine Talente und Erfahrungen zu Geld zu machen. Eine dieser Chancen offerierte mir der mittlerweile verstorbene Ivy Lee, Public-Relations-Berater der Familie Rockefeller. Ich nahm sein Angebot an; das Geschäft kam nicht zustande, aber die bloße Annahme hatte zur Folge, daß ich das *Golden Rule Magazine* verlor, das ich sozusagen als Nebenerzeugnis meiner Erfolgsphilosophie gegründet hatte.

In jener Zeit erlitt ich jedesmal einen Fehlschlag, wenn ich in Versuchung geriet, mich von meiner Lebensaufgabe abzuwenden oder sie zu vernachlässigen. Allmählich erkannte ich dann, daß die Auswirkungen jedes Fehlschlags völlig unwirksam und unschädlich wurden, sobald ich auf den richtigen Weg zurückkehrte und meine Aufgabe erfüllte. Das geschah im Lauf der Zeit so oft, daß ich es nicht als bloßen Zufall abtun konnte.

Aus persönlicher Erfahrung weiß ich, daß die gütigen unsichtbaren Führer jedem Menschen zur Verfügung stehen, der sie erkennt und ihre Dienste akzeptiert. Um sich ihre Dienste zu sichern, muß man nur zweierlei tun: Dankbarkeit für ihre Hilfe zeigen und *ihrer Führung aufs Wort folgen*. Versäumnisse in dieser Hinsicht ziehen unweigerlich, wenn auch nicht immer sofort, Unglück nach sich. Vielleicht erklärt dies, warum einige Menschen scheinbar vom Pech verfolgt werden, ohne sich den Grund erklären zu können, warum immer wieder *sie* ein Unglück trifft, das nach ihrer Ansicht auf keinen Fehler ihrerseits zurückzuführen ist.

Viele Jahre lang reagierte ich im Zusammenhang mit den unsichtbaren Führern, deren Vorhandensein ich spürte, derart empfindlich, daß ich jede Anspielung auf sie sorgfältig vermied, in meinen Schriften ebenso wie in Vorträgen. Eines Tages dann erfuhr ich in einem Gespräch mit dem Wissenschaftler und Erfinder ELMER R. GATES zu meiner großen Freude, daß auch er die Existenz unsichtbarer Führer entdeckt hatte und sogar ein Arbeitsbündnis mit ihnen eingegangen war, dank dessen er mehr Erfindungen vervollkommnen und sich mehr Patente sichern konnte als der große Erfinder THOMAS A. EDISON.

Von diesem Tag an begann ich Hunderte erfolgreicher Männer zu befragen, die bei der Formulierung der Wissenschaft des Erfolgs mit mir zusammenarbeiteten. Ich fand heraus, daß *jeder von ihnen aus unbekannten Quellen Führung erhielt,* was einige allerdings nur zögernd zugaben. Nach meiner Erfahrung schreiben Menschen, die Außergewöhnliches leisten, ihren Erfolg lieber ihrer *persönlichen Überlegenheit* zu.

THOMAS A. EDISON, HENRY FORD, LUTHER BURBANK, ANDREW CARNEGIE, ELMER R. GATES und DR. ALEXANDER GRAHAM BELL schilderten ihre Erfahrungen mit unsichtbaren Führern in aller Ausführlichkeit. Einige dieser Männer bezeichneten ihre unsichtbaren Hilfsquellen jedoch nicht als »Führer«. Vor allem Dr. Bell hielt seine innere Hilfsquelle für nichts anderes als einen direkten Kanal zur unendlichen Weisheit, der sich ihm kraft Geistes und aufgrund des inbrünstigen Wunsches, ein bestimmtes Ziel zu erreichen, eröffnete.

Dank der Führung durch unsichtbare Kräfte kam MARIE CURIE dem Geheimnis und dem Ausgangsmaterial des Radiums auf die Spur, obwohl sie anfangs nicht wußte, wo sie überhaupt nach dem Radium suchen sollte und wie es aussehen würde, wenn sie es entdeckte.

THOMAS A. EDISON vertrat eine interessante Ansicht über die Natur und die Quelle der unsichtbaren Kräfte, die er sich bei seiner Forschungs- und Erfinderarbeit zunutze machte. Nach seiner Meinung wurden die von allen Menschen zu allen Zeiten freigesetzten Gedanken aufgefangen und damit Teil des Äthers, in dem sie für alle Ewigkeit blieben; jeder Mensch könne sich auf diese früher freigesetzten Gedanken einstimmen und sie kontaktieren; durch Konditionierung seines Denkens und durch eine klare Zielvorstellung sei jeder Mensch in der Lage, mit jedem gewünschten Gedanken, der sich auf sein Ziel bezog, Kontakt aufzunehmen. Edison fand für sich heraus, daß er, wenn er seine Gedanken auf eine Idee konzentrierte, die er ausbauen wollte, durch solche »Einstimmung« aus dem immensen Reservoir des grenzenlosen Äthers Gedanken herauspicken konnte, die mit seiner Idee im Zusammenhang standen: früher freigesetzte Gedanken anderer Menschen, die in ähnlicher Richtung gedacht hatten wie er.

Edison machte auf die Tatsache aufmerksam, daß das Wasser seinen Weg durch Flüsse und Ströme nimmt, der Menschheit eine Vielzahl von Diensten leistet und schließlich in die Meere zurückkehrt, aus denen es gekommen ist; daß es dort wieder in die Hauptwassermasse eingeht, um gereinigt und auf den Neubeginn seines Weges vorbereitet zu werden. Dieses Kommen und Gehen des Wassers, ohne daß seine Menge ab- oder zunimmt, hat in der Energie des Denkens eine deutliche Parallele.

Edison hielt die Energie, mit der wir denken, für einen projizierten Teil der unendlichen Weisheit; er glaubte, diese Weisheit werde durch die Gehirne der Menschen zu Myriaden von Ideen und Vorstellungen entwickelt; die freigesetzten Gedanken würden dann, wie das Wasser in die Meere, in das große Reservoir zurückkehren, aus denen die »Denkenergie« gekommen war. Dort würden sie geordnet und klassifiziert, so daß schließlich alle verwandten Gedanken zusammen gruppiert seien.

Ganz entschieden widersetzte sich Edison dem Glauben, daß die unsichtbaren Führer verstorbene Menschen seien, die einst auf Erden gelebt hatten. Ich bin durchaus seiner Meinung – zumindest habe ich noch keinen Beweis dafür gefunden, daß Menschen, die unsere Erde verlassen haben, mit den Lebenden Verbindung aufnehmen. Jenen gegenüber, die anderer Überzeugung sind, gebe ich offen zu, daß dies lediglich meine persönliche Ansicht ist, zu der ich nicht etwa durch Beweise, sondern durch den *Mangel an Beweisen* gelangte.

Blättert man die Seiten der Kulturgeschichte zurück, registriert man tief beeindruckt, daß immer, wenn die Menschen von einer schweren Krise heimgesucht wurden, die ihre kulturellen Leistungen zu zerstören drohte, eine Führerpersönlichkeit erschien, die die *innere Weisheit* besaß, um Mittel und Wege für die Überwindung der Krise und die Erhaltung der Kultur zu finden.

Einen Beweis für solche Führerschaft zu Zeiten großer Krisen lieferte uns die Persönlichkeit GEORGE WASHINGTONS, als 1776 die Freiheit der Menschen in den amerikanischen Kolonien bedroht war. Mit einer kleinen Armee unterernährter, schlecht gekleideter, untrainierter und mangelhaft bewaffneter Soldaten gelang es ihm, die Freiheit zu retten.

Einen weiteren Beweis lieferte uns ABRAHAM LINCOLN, der Kämpfer gegen Sklaverei im Amerikanischen Bürgerkrieg, der die Nation gespalten hatte.

Weitere Beweise lassen sich in der Geschichte der Menschheit immer dann finden, wenn die Menschenrechte und die persönliche Freiheit der Menschen in Gefahr waren, durch Barbaren zerstört zu werden. In allen diesen Fällen scheinen immer unsichtbare Kräfte und Umstände zur Wirkung gekommen zu sein, die dem Recht zum Sieg über das Unrecht verhalfen.

Jeder Mensch verfügt über innere Fähigkeiten und den Beistand unsichtbarer Kräfte oder Führer, die seine sämtlichen Bedürfnisse erfüllen. Es ist ein Versäumnis, sie nicht zu erkennen und sich ihrer nicht zu bedienen, und es lohnt sich, wenn man sie erkennt und ihre Dienste annimmt. Die Belohnungen bestehen hauptsächlich in der Weisheit oder den Kenntnissen, die ein Mensch braucht, um seine Lebensaufgabe, wie immer diese geartet sein mag, erfolgreich erfüllen zu können und um vor allem den Weg zum kostbarsten aller Reichtümer zu finden – zum *Seelenfrieden.*

In diesem Buch stelle ich ausführlich das höchste Geheimnis menschlichen Erfolgs dar. Wer dieses Geheimnis aufspürt, erhält gleichzeitig die Mittel für die Entdeckung und Indienstnahme seiner unsichtbaren Führer, die jetzt vielleicht noch in ihm schlummern und darauf warten, erkannt und beschäftigt zu werden.

Den effektiven Einsatz dieser Führer erkennen Sie an den Verbesserungen und Wohltaten, die Ihnen von dem Tag an beschieden sind, an dem Sie sich Ihrer Führer bewußt geworden sind und ihnen *definitive Anweisungen* erteilt haben.

»Phantastisch! Unglaublich!« rufen Sie vielleicht aus?

Nein, »wunderbar« ist ein besseres Wort, denn soviel ich weiß, hat bisher niemand den Ursprung dieser unsichtbaren Führer erklären oder sagen können, warum und wie sie jedem Menschen zugeteilt werden, um sein Leben zu lenken. Unter den Studenten der durch meine Bücher und die *Napoleon Hill Foundation* verbreiteten Erfolgsphilosophie gibt es jedoch Tausende, die wissen, daß solche Führer existieren, weil auch sie sich das höchste Geheimnis erschlossen haben, mittels dessen man Führung erlangen kann.

Die unsichtbaren Führer wohnen in dem »anderen Ich«, das jeder Mensch besitzt, jenem Ich, das man beim Blick in den Spiegel nicht sieht, das weder den Ausdruck »unmöglich« noch irgendwelche Einschränkungen kennt, das Herr ist über körperlichen Schmerz, Kummer, Niederlagen oder vorübergehende Fehlschläge jeder Art.

Während Sie dieses Buch lesen, tritt vielleicht irgendwann Ihr »anderes Ich« plötzlich hinter den Zeilen hervor, so daß Sie es erkennen können, falls Sie es bisher noch nicht erkannt haben. Wenn das geschieht, sollten Sie unbedingt Ihre Lektüre unterbrechen und die Seite markieren, um später zu der Stelle zurückkehren zu können, denn Sie sind hier an einem wichtigen Wendepunkt in Ihrem Leben angelangt.

Mit meinen Bemerkungen will ich nichts beweisen! Ich bemühe mich lediglich, Sie mit Ihrem »anderen Ich« bekannt zu machen, das Ihnen, wenn Sie es erst einmal erkannt haben, alle Beweise liefern wird, die Sie sich nur wünschen können. Anders ausgedrückt: Ich möchte Sie nur veranlassen, bei der Suche nach der Lösung des Rätsels Leben in »Ihr Inneres« zu schauen – Sie entdecken dann Ihr »anderes Ich«, das manche Psychologen auch das »Selbst« nennen.

Wie Sie im Schlaf Ihrem »anderen Ich« Anweisungen erteilen

Die Zeit ist nicht mehr fern, in der man während der Schlafperioden körperliche Leiden behandeln, Minderwertigkeitskomplexe heilen und die Geisteshaltung eines Menschen für jeden gewünschten Zweck konditionieren kann. Außerdem wird es möglich sein, im Schlaf jede gewünschte Fremdsprache zu lernen und sich auf jedem Gebiet fortzubilden.

Solche phantastisch klingende Erfolge wird man durch den Einsatz spezieller Tonbandgeräte oder Plattenspieler erzielen, die jede Viertelstunde Platten oder Bänder mit wissenschaftlich ausgearbeiteten Texten über jedes gewünschte Thema und für jeden gewünschten Zweck abspielen, während der Lernende schläft. Diese Geräte lassen sich so vervollkommnen, daß sie mit einer Kontrolluhr verbunden werden können, die sie erst einschaltet, nachdem der Lernende eingeschlafen ist.

Die Ausarbeitung des Schlaflernverfahrens hat einen ganz bestimmten Grund: Während man wach ist, steht der bewußte Teil des Geistes Posten an der Tür zum Unterbewußtsein und verändert und verfälscht die an das Unterbewußtsein gerichteten Eindrücke und Instruktionen oder weist sie sogar schroff zurück. Das Bewußtsein ist ein Zyniker mit keineswegs geringer Macht. Es läßt sich durch Angst, Argwohn und Zweifel anscheinend leichter beeinflussen als durch positive Einwirkungen. Darum gibt man dem Unterbewußtsein die gewünschten Direktiven am besten, wenn das Bewußtsein schläft und dienstfrei hat.

Das »andere Ich« erreicht man nur über das Unterbewußtsein; dieses unwiderstehliche Wesen, das jeden Menschen erfüllt, verfügt über eine geheimnisvolle Kraft, die auf der gleichen Ebene existiert wie unsere unsichtbaren Führer und eng mit diesen inneren Helfern verbunden ist.

Das System der Schlafbehandlung oder -schulung eignet sich besonders, um bei Kindern positive Charakterzüge zu entwickeln und unerwünschte Gewohnheiten auszumerzen. Es kann ohne

Wissen der Kinder angewandt werden, während sie schlafen. Doch dasselbe gilt natürlich auch für Erwachsene – für Sie, für mich, für alle Menschen. Wer ist schon ganz frei von störenden Charakterzügen oder schlechten Gewohnheiten? Bitten Sie einfach Ihren Partner, einen Freund, eine Freundin um die Durchführung einer solchen Schlafbehandlung. Die Erfolgschance ist groß!

5

Die universelle Sprache des Schmerzes

Drittes Wunder des Lebens

Körperlicher Schmerz ist die Universalsprache, in der Mutter Natur zu allen Geschöpfen auf Erden spricht, und diese Sprache wird *von allen verstanden und respektiert.* Ich kenne keinen normal veranlagten Menschen, der körperliche Schmerzen nicht fürchtet. Ich kenne keinen, der nicht in jeder nur denkbaren Weise versuchen würde, körperliche Schmerzen zu vermeiden. Doch der Schmerz ist eine der klügsten Einrichtungen der Natur, denn er ist das Mittel, durch das sie Menschen aller Intelligenzgrade zwingt, das Gesetz der Selbsterhaltung zu beachten.

Wenn der körperliche Schmerz auftritt, reagiert der Mensch und bemüht sich, die Ursache zu beseitigen. Kommt der Schmerz in Form von Kopfweh, sucht der intelligente Mensch im allgemeinen nach der Ursache und stellt ziemlich oft fest, daß eine toxische Vergiftung infolge unzureichender Ausscheidung der Grund für die Schmerzen ist. Eine Dosis Salz oder ein Einlauf bringen sofort vorübergehende Erleichterung.

Bekommt ein weniger intelligenter Mensch Kopfweh, schluckt er wahrscheinlich ein paar Aspirintabletten und sagt: »Na, ich denke doch, daß mir die helfen werden.« Das tun sie gewöhnlich auch für eine Weile – aber nicht durch Behebung der Ursache, sondern durch zeitweilige Lähmung des Nervs, der den Schmerzwarnruf von seinem Ursprung zum Gehirn trägt, wo etwas dagegen getan werden könnte und sollte.

Wenn die sanfteren Schmerzformen den Menschen nicht aufmerksam machen und zur Suche nach der Ursache veranlassen, schlägt die Natur ihn gewöhnlich nieder und schickt ihn *zu seinem Glück* mit einer Krankheit ins Bett, um ihn von Grund auf wiederherzustellen. Kluge Menschen bezeichnen eine Krankheit nie als Unglück, sondern betrachten sie als Segen, als eine großzügige milde Gabe der Natur, die ihnen damit eine weitere Lebensspanne schenkt und sie vor ihrem Begräbnis bewahrt.

Schmerzen und körperliche Leiden sind nur dann ein Fluch, wenn die Betroffenen ihn als solchen betrachten, weil sie nicht erkennen, daß Schmerz und Krankheit Einrichtungen sind, ohne die niemand lange am Leben bliebe.

Wenn die Natur einen Menschen aufs Krankenlager wirft, sei es in einer Klinik oder zu Hause, macht sie ihn aktionsunfähig, damit er seine ganzen Energien für seine Wiederherstellung einsetzen kann. Sie gibt ihm auch die dringend benötigte Ruhe und Zeit, seine geistig-seelischen Kräfte zu entdecken und sich der Meditation hinzugeben sowie über *die Ursache seines Leidens* nachzudenken. Dadurch gelangt er vielleicht zu der Erkenntnis, daß die Krankheit durch eine Reihe von Sünden entstand, die vermeidbar gewesen wären, hätte er auf die Stimme des Schmerzes gehört.

Körperliche Krankheit ist ein solcher Segen, daß jene Menschen, die ihren kranken Freunden Trostkarten schicken, sie nicht bedauern, sondern ihnen vielmehr gratulieren und etwa Folgendes schreiben sollten:

»Herzliche Gratulation zu dem Glück, daß Du eine gesegnete Ruheperiode genießen kannst, umsorgt vom größten aller Ärzte, dem Doktor Zeit, der weiß, was Du brauchst, und der dafür sorgt, daß Du es bekommst.«

Nehmen Sie eine solche *positive Haltung* gegenüber körperlichen Krankheiten ein und beobachten Sie, wie sehr Ihre Geisteshaltung Ihnen hilft, die Ursachen Ihres Leidens zu beseitigen. Wenn Sie dies tun, werden Sie begreifen, daß körperliche Schmerzen und Krankheiten echte Segnungen sind, ohne die der Mensch nicht lange am Leben bliebe.

Neben der universellen Sprache des Schmerzes hat die Natur in ihrer Genialität auch die Mittel zum Ertragen von Schmerzen geliefert und sogar einen Notbehelf für den Fall, daß die Grenze des Erträglichen überschritten wird: die Ohnmacht. Geht der Schmerz über diese Grenze hinaus, sinkt der Mensch einfach in den Schlaf der Bewußtlosigkeit.

Es gibt zwei Arten von Schmerzen, körperliche und psychische. Die meisten körperlichen Schmerzen werden in der psychischen oder geistigen Reaktion des Menschen auf sie stark übertrieben. Bei einer Zahnbehandlung beispielsweise sind die Schmerzen nur zu etwa zehn Prozent körperlicher Art und zu *neunzig Prozent psychischer Natur.* Das Leiden beim Zahnarzt findet zum größten Teil in Form von Angst statt, die der Patient hat, bevor er überhaupt auf dem Behandlungsstuhl sitzt. Die moderne Behandlungstechnik hat den tatsächlichen Schmerz bei zahnärztlichen Eingriffen praktisch ausgeschaltet; und die moderne Psychologie hat es möglich gemacht, wie in einem der nachfolgenden Kapitel aufgezeigt wird, den psychischen Schmerz bei der Zahnbehandlung völlig auszuschalten.

Die Beherrschung körperlicher Schmerzen stellt eine der größten Herausforderungen an jene Menschen dar, die Seelenfrieden durch Selbstdisziplin suchen. Sie bietet eine unübertreffliche Gelegenheit, *sich seiner geistig-seelischen Kräfte zu besinnen und zu bedienen* – mehr ist nicht zu tun, um das Leben nach eigenen Vorstellungen und zu eigenen Bedingungen lohnend gestalten zu können. Werden Sie zum Herrn über Ihren Appetit, indem Sie das Rezept in Kapitel 15 befolgen; bringen Sie Ihren Magen unter vollkommene Kontrolle – dann wird die Beherrschung der Angst vor körperlichen Schmerzen nicht mehr schwierig sein.

Die Indianer waren immer frei von Angst vor körperlichen Schmerzen, was sich auch in dem Sprichwort ausdrückt: »Ein echter Indianer kennt keinen Schmerz.« Ursprünglich, bevor sie durch die Ankunft des weißen Mannes verweichlicht und verdorben wurden, gingen die Indianer nach Verletzungen oder Verwundungen weiter ihren täglichen Pflichten nach, als sei nichts geschehen. Viele Chirurgen orientieren sich heute an ihnen und empfehlen ihren Patienten, die sich bestimmten Operationen unterziehen müssen, schon kurz nach dem Eingriff ihr Alltagsleben wieder aufzunehmen. Die Chirurgen haben erkannt, wie einst die Indianer, daß die Natur wunderbare Heilarbeit leistet, wenn man sich auf sie verläßt und lernt, klug mit ihr zusammenzuarbeiten.

In gewissen Regionen gibt es Frauen, die schon am Tag nach der Geburt eines Kindes ihre Hausarbeit wieder verrichten oder sogar auf den Feldern arbeiten. Sie machen nicht mehr Aufhebens von der Kindergeburt als andere Frauen von Kopfschmerzen oder einer Erkältung; und *sie kennen keine Furcht vor körperlichem Schmerz!*

In Kriegszeiten kommt es nicht selten vor, daß Männer bei Gefechten schwer verwundet werden und weiterkämpfen, solange das Gefecht dauert, ohne Schmerzen zu spüren. Im Streß des Kampfes ist der Soldat völlig auf das konzentriert, was er tun muß, so daß kein Raum für die Angst vor körperlichem Schmerz bleibt; *deshalb verspürt er erst Schmerzen, wenn sein aufgewühltes Gemüt sich wieder beruhigt.*

Angesichts dieser bekannten Tatsachen dürfte klar sein, daß uns die Natur mit einem wunderbaren Mechanismus ausgestattet hat, mit dessen Hilfe wir uns über körperlichen wie auch psychischen Schmerz emporschwingen, Angst oder Furcht jeder Form beherrschen und Kummer sowie Enttäuschungen aller Art überwinden können. Das genaue Rezept, das Sie dazu befähigt, finden Sie in Kapitel 15; dort wird die richtige Vorbereitung des Geistes auf eine Zahnbehandlung beschrieben.

Während der mehr als vier Jahrzehnte, die ich der Ausarbeitung und Lehre der Wissenschaft des Erfolgs widmete, genoß ich das Privileg, praktisch mit Menschen jeder Art und auch jeder Art menschlichem Problem in enge Berührung zu kommen. Diese Tatsache verschaffte mir die wichtige, beeindruckende Erkenntnis, daß die erfolgreichen und *wirklich großen Menschen,* die Führenden auf dem von ihnen erwählten Gebiet, ihre Angst vor körperlichem und psychischem Schmerz beherrschen lernten. Und umgekehrt beobachtete ich, daß Verlierer und Taugenichtse gewöhnlich die Opfer ihrer Angst vor körperlichem und psychischem Schmerz waren, einer Angst, die oft an Aberglauben grenzte.

Wie diese Feststellungen zeigen, besteht ein direkter, bedeutender Zusammenhang zwischen der Beherrschung der Angst vor körperlichem wie psychischem Schmerz und dem beruflichen Erfolg eines Menschen. Bedeutsam ist dieser Zusammenhang, weil die Beherrschung von körperlichem wie psychischem Schmerz einen deutlichen Hinweis darauf gibt, daß man die völlige Kontrolle über den eigenen Geist übernommen hat. Ich sage es zum wiederholten Male: *Der Schöpfer hat uns Menschen das Privileg absoluter Selbstbestimmung eingeräumt, indem wir unser Bewußt- und somit auch unser Gefühlsleben frei gestalten können.*

Im Rahmen meiner Erforschung der Ursachen von Erfolg und Mißerfolg hielt ich viele Kurse ab, an denen Menschen aus nahezu allen Bevölkerungsschichten teilnahmen. Zu den bemerkenswertesten Persönlichkeiten, denen ich dabei begegnete, zählt eine Witwe, die in Washington, D. C., meinen Kurs besuchte. Die Frau verlor im Vietnamkrieg ihren Mann, erkrankte wenig später und mußte sich einer schweren Operation unterziehen. Weil die erste Operation keine Besserung brachte, wurden zwei weitere Operationen nötig. Die Kosten für die Behandlung zwangen die Witwe, ihr kleines Haus zu verkaufen. Als sie nach der letzten Operation die Klinik verließ, stand sie ohne Wohnung da. Sie hatte zwei verheiratete Söhne, doch deren Frauen erlaubten nicht, daß einer der beiden sie auch nur vorübergehend aufnahm. Sie hatte außerdem einen Bruder und eine Schwester, doch auch die lehnten es ab, sich um sie zu kümmern, während sie vollends von ihrer Krankheit genas.

Schließlich griff der Pfarrer der Kirchengemeinde ein, zu der sie früher gehört hatte. Er sorgte dafür, daß eine Nachbarin sie für eine Zeitlang beherbergte. Dort lernte ich diese bemerkenswerte Frau kennen. Man hatte mich zu ihr gerufen, weil man hoffte, daß ich ihr helfen könne, wieder ohne fremde Hilfe auszukommen. Natürlich handelte es sich hier um einen Wohltätigkeitsfall, und

ich hatte nicht die Absicht, für meine Dienste eine Bezahlung zu
verlangen. Doch als ich der Frau sagte, ich wolle sie als Schülerin
haben, kostenlos für sie, erlebte ich eine große Überraschung. Die
Erwiderung der Frau erscheint mir mustergültig und wert, zitiert
zu werden.

»Sie sind sehr gütig«, begann sie, »aber ich habe noch nie ge-
glaubt, daß es irgend etwas umsonst gibt. Sie sind ein Fachmann
und verdienen Ihren Lebensunterhalt dadurch, daß Sie andere
Menschen lehren, richtig zu leben. Darum werde ich zwar Ihren
Kurs besuchen und mich Ihrer Führung anvertrauen, aber nur unter der ausdrücklichen Bedingung, daß ich zu einem späteren Zeitpunkt bezahlen darf. Es stimmt, daß ich körperliche Schmerzen
und Seelenqualen erlitten habe, aber ich habe trotzdem nicht auf-
gehört zu kämpfen, und die schwierigen Umstände haben mich
auch nicht niedergeworfen. Im Augenblick stehe ich ohne finanzielle Mittel da, aber ich bin im Vollbesitz meiner geistigen Fähigkeiten, und die gedenke ich zu nutzen, wie der Herr es gesagt hat,
um frei zu werden von Mangel und Furcht jeder Art.

Ich habe meinen Mann verloren, aber das haben Tausende anderer Frauen auch, und ich bin kein Deut besser als sie. Meine
Kinder und meine Geschwister weigerten sich, mir zu helfen, als
ich es am nötigsten brauchte, aber ihre Weigerung verletzte sie
mehr als mich, denn sie beraubten sich dadurch einer Gelegenheit,
barmherzig zu einem hilflosen Menschen zu sein; andererseits
blieb mir dadurch der Weg offen, durch den Einsatz meiner geistigen Kräfte meine Unabhängigkeit zu erlangen. Ich bedaure es
keineswegs, daß ich solche Leiden durchstehen mußte, denn sie
gaben mir die moralische Kraft, mit deren Hilfe ich mir in Bälde
meine Freiheit erkämpfen werde.

Und«, fuhr sie nach einer kurzen Pause fort, »ich hege auch
keinen Groll gegen meine Angehörigen, weil sie mich nicht unter-
stützt haben. Ihre Weigerung verschaffte mir schließlich die wunderbare Gelegenheit, das Gebot des Herrn zu erfüllen, daß wir denen verzeihen sollen, die uns verletzen: *Vergib uns unsere Schuld,*
wie auch wir vergeben unseren Schuldigern.

In den Widrigkeiten, die ich durchlebte, fand ich ein für mich eindeutig Gutes: die Entdeckung meiner eigenen Geisteskraft und der Mittel, mit denen ich diese Kraft zur überwindenden Instanz von Kummer und Leiden machen kann. Der wunderbarste Gewinn aber, die mir diese Widrigkeiten bescherten, war die Erkenntnis, daß Leiden – körperliche Schmerzen oder seelischer Kummer – *uns Menschen in eine günstige Position für die Anrufung des Herrn bringen.*

Bevor mein Mann im Vietnamkrieg fiel, gehörte ich einer Kirche an. Nachdem ich alle diese Widrigkeiten durchgestanden hatte, ohne mich von ihnen überwältigen zu lassen, wurde ich zu einer Christin. Und jetzt *lebe ich meine Religion, statt sie nur als etwas zu akzeptieren, das man glaubt.*

Wirklich, in der Stunde meines größten Leidens entdeckte ich meine unbesiegbare Seele! Darum verstehen Sie gewiß, daß ich keinen Groll gegen meine Verwandten hege, denn gerade ihre Ablehnung ließ mich die Kräfte meines eigenen Geistes erkennen. Ich tue mir selbst nicht leid, aber meine beiden Kinder tun mir sehr leid, weil sie nicht bereit waren, eine wunderbare Gelegenheit zu nutzen, ihre geistig-seelische Größe zu entdecken, indem sie jemandem Barmherzigkeit erwiesen, der von ihnen mit Recht Hilfe erwarten durfte.«

Die Frau absolvierte meinen Kurs. Sie erlernte die Wissenschaft des Erfolgs und wurde schließlich vom Präsidenten der Vereinigten Staaten mit einer der höchsten Regierungspositionen betraut, die je eine Frau innehatte. Später brachte sie es fertig, die weiblichen Regierungsangestellten zu einem Kurs zusammenzuholen, in dem sie ihre Geschlechtsgenossinnen lehrte, ihre geistigen Fähigkeiten zu entdecken und einzusetzen. Als Basis für ihren Unterricht benutzte sie die wissenschaftliche Erfolgsphilosophie, in der alles zusammengefaßt ist, was man über die Grundlagen der Selbstbestimmung weiß.

Ja, es hätte mehr gebraucht als drei große Operationen, den Verlust des Ehemanns, die Einbuße der finanziellen Mittel und die Weigerung Verwandter, ihr in Notzeiten zu helfen, um diese tapfere Frau niederzuzwingen, die durch Widrigkeiten und Leiden psychischer wie körperlicher Art den Weg zur Quelle jeglicher Macht fand.

Sie erkannte den »Keim für einen Vorteil oder Nutzen«, der ihrem Leiden entsproß, *einzig dank ihrer positiven geistigen Einstellung zu diesem Leiden*! Sie entdeckte, wie man negative Umstände in positive Segnungen verwandelt – ein Privileg, auf das jeder Mensch ein Anrecht hat.

Leiden in Form von körperlichem oder psychischem Schmerz, Enttäuschungen, Frustrationen und Kummer sind das Mittel, durch das man groß werden oder aber als ständiger Versager untergehen kann. Welcher dieser beiden Umstände eintritt, *hängt ganz von unserer geistigen Einstellung ab*. Für den einen Menschen werden die Leiden zu Stolpersteinen. Für den anderen, wie die Witwe, deren Geschichte Sie eben gelesen haben, sind sie Trittsteine zu einer höheren Lebensebene, auf der man heiter und in sich stark überblickt, was man hat und ist.

Die Geschichte der Witwe wäre nicht vollständig ohne die Erwähnung des von ihr bevorzugten Gebetes, das lautet:

»Ich bitte nicht um ein Übermaß an materiellen Dingen, o Herr, sondern nur um die Dinge, die ich brauche. Und ich bitte nicht darum, von Kummer und Schmerz verschont zu bleiben, sondern nur darum, gezeigt zu bekommen, wie man beides in Weisheit verwandelt, durch die ich mich durch den Gesamtplan und Gesamtzweck des Lebens auf Erden anpassen kann. Und ich bitte um keine Gunst, die nicht für alle Menschen gleichermaßen erlangbar ist. Sollte ich durch andere verletzt werden, so erbitte ich nur die Kraft, ihnen zu verzeihen, und für sie das Privileg, bereuen zu können. Zum Schluß bitte ich darum, in allen Umständen meines Lebens so geführt zu werden, daß ich mich ihnen in förderlicher Weise, durch Verständnis, anpassen kann.«

In den mehr als vierzig Jahren, die ich dem Studium des menschlichen Verhaltens widmete, beobachtete ich unzählige Male, daß Männer und Frauen durch körperlichen oder psychischen Schmerz das spirituelle Reich in ihrem Inneren fanden.

Die großartigste Frau, die ich je kannte, war meine Stiefmutter. Sie litt im Alter die meiste Zeit über wegen ihrer Arthritis fast unerträgliche Schmerzen. Trotzdem brachte sie ein Unternehmen zuwege, das schon Millionen Menschen genützt hat und das dazu bestimmt ist, noch vielen Millionen zu nützen, auch in späteren Generationen. Sie war verantwortlich für meine Erziehung und Grundausbildung, die schließlich dazu führte, daß mich ANDREW CARNEGIE beauftragte, der Welt die erste praktische Philosophie persönlichen Erfolgs zu geben.

Wäre meine Stiefmutter nicht an den Rollstuhl gefesselt gewesen, hätte niemand vermutet, daß sie ständig Schmerzen litt. Ihre Stimme klang immer angenehm, und sie sprach nur aus einer positiven Denkweise heraus. Sie beklagte sich nie, sondern hatte stets ein Wort der Ermutigung für uns alle, die in ihrer Nähe lebten. Ich bin sicher, daß jeder, der sie kannte und der wußte, wie meisterlich sie den körperlichen Schmerz beherrschte, sich geschämt hätte, Angst vor einer Zahnbehandlung oder einer Operation zu zeigen. Die geistige Einstellung meiner Stiefmutter zu körperlichem Schmerz war einer jener wichtigen Faktoren, die sie zu einem wahrhaft großen Menschen machten, von allen geliebt und von einigen um ihre ungeheure Selbstdisziplin beneidet.

Dieses Beispiel zeigt einmal mehr, daß die geistige Einstellung zu körperlichem Schmerz bestimmt, ob der Schmerz uns zum Verhängnis wird oder vielmehr zu etwas, das man in irgendeinen nützlichen Dienst umsetzt. Statt an ihre Schmerzen zu denken und sich darüber zu beklagen, konzentrierte meine Stiefmutter ihre Gedanken darauf, anderen zu helfen, besonders Mitgliedern unserer Familie; dadurch schwächte sie die Auswirkungen ihres Leidens ab. Sicher wäre es eine nützliche Empfehlung für alle, die ihre Gedanken nur bei ihren eigenen Schwierigkeiten verweilen lassen, es ihr nachzumachen.

Und für jene Menschen, die sich vor unlösbare Probleme gestellt glauben, wäre es gewiß hilfreich, wenn sie überzeugt wären, daß man mit solchen Problemen am besten fertig wird, indem man sich nach einem Menschen mit einem ähnlichen oder noch größeren Problem umschaut und ihm hilft, eine Lösung zu finden. Dadurch wird das negative Denken von der eigenen Person abgelenkt und in positives Denken verwandelt, darauf ausgerichtet, einem anderen zu helfen. Die Chancen stehen tausend zu eins, daß man, wenn das Problem des anderen gelöst ist, auch die Lösung für die eigenen Probleme gefunden hat.

Positives Denken ist eine praktisch unwiderstehliche Kraft, durch deren Einsatz sich jedes gewünschte Ziel erreichen läßt, natürlich auch die Beherrschung von psychischem und körperlichem Schmerz. Darf ich Sie daran erinnern, daß eine positive Geisteshaltung außerdem der erste der zwölf großen Reichtümer des Lebens ist?!

In Kapitel 14 finden Sie das Rezept für die Aufrechterhaltung einer positiven Einstellung. Prägen Sie sich dieses Rezept ein, und lernen Sie, es anzuwenden, dann werden Sie keine körperlichen oder psychischen Schmerzen mehr fürchten. Sie werden tatsächlich *nichts mehr fürchten.* Sie werden sich nicht mehr mit selbstauferlegten Einschränkungen an Mittelmäßigkeit fesseln, was Ihren Beruf oder andere Belange Ihres Lebens angeht. Sie werden keine Hilfe von anderen mehr brauchen, sondern in der Lage sein, selbst vielen zu helfen.

Die meisten Menschen verurteilen sich ihr Leben lang dazu, im Gefängnis zu sitzen. Sie haben zwar die Schlüssel zu dem Gefängnis, wissen es aber nicht. Das Gefängnis besteht in den Einschränkungen, die sie in ihrer Vorstellungswelt sich selbst schaffen oder dort von anderen schaffen lassen. Die Schlüssel bedeuten die uns allen von unserem Schöpfer mitgegebene Kraft, uns unserer geistig-seelischen Fähigkeiten zu bedienen und diese auf die Lösung sämtlicher Probleme sowie das Erreichen sämtlicher gewünschten Ziele auszurichten.

Wer dieses Vorrecht ausübt, fürchtet nie etwas, schränkt sich im Hinblick auf erstrebte Ziele nie ein *und zieht mühelos eine Überfülle von alledem an, was für ihn persönlichen Erfolg darstellt.*

Denken Sie daran, daß überall, wo der alte Aasgeier Angst hockt, etwas schläft und geweckt werden muß oder etwas tot ist und begraben werden muß. Zu den seltsamsten Anomalien des Lebens zählt, daß nicht etwa eine gute akademische Bildung oder geistige Brillanz die Hauptursache für persönlichen Erfolg ist, sondern *Angstlosigkeit.*

Angst in jeder Form ist der größte jener Steine, über die man in berufliche Fehlschläge stolpert, und sie ist auch der entscheidende Grund dafür, daß viele Gebete nur negative Ergebnisse erbringen. Das Gegenteil von Angst ist Glaube, Glaube aber sichert uns die Vermeidung alles dessen, was man nicht will, und die Erlangung alles dessen, was man will.

Nur eines ermöglicht es uns Menschen, uns über Angst vor körperlichem Leiden emporzuschwingen: die Erkenntnis, daß wir einen Geist haben, der keine Einschränkungen kennt außer jenen, die wir ihm selbst auferlegen.

Vor einiger Zeit schilderte mein Zahnarzt einem anderen Patienten, wie ich die Behandlung zur Vorbereitung auf den Einsatz eines Gebisses und das Ziehen meiner restlichen Zähne ohne Schmerzen oder Unbehagen durchgestanden hatte. Der Patient war Geistlicher; *doch er bezweifelte, daß jemand dazu in der Lage sei.* Ich frage mich, was für ein Geistlicher er ist! Die meisten Geistlichen wissen, daß die Macht des Geistes *grenzenlos ist, wenn man ihn durch Glauben stimuliert.* Und alle Ärzte und Zahnärzte wissen, daß die Angst dem Patienten mehr weh tut als der körperliche Schmerz, den er erleidet.

Übersteigt der körperliche Schmerz bei einem Menschen das Maß des Erträglichen, versetzt die Natur ihn in Schlaf. Das beweist einmal mehr, daß die Natur in allen Dingen das Gleichgewicht aufrechterhält; *sie läßt nie zu, daß jemand unter einer Verletzung oder Beschwernis leidet, ohne ihm gleichzeitig das Mittel zu deren Heilung zu geben.*

Ausgehend von diesem wichtigen Wissen über die Wege der Natur, haben die Ärzte den werdenden Müttern durch ein Verfahren, das »Dämmerschlaf« genannt wird, die Angst vor den Geburtsschmerzen praktisch genommen. Der Dämmerschlaf versetzt die Gebärenden in einen Zustand herabgesetzten Bewußtseins.

Herbeigeführt wird er mittels leichter subkutaner Injektionen, die nicht schmerzen, oder mittels Suggestionstherapien (sogenannte partielle Hypnose).

Durch Anwendung der Hypnose kann das Bewußtsein vorübergehend ausgeschaltet werden, und der Arzt kann seinem Patienten dann über das Unterbewußtsein Anweisungen erteilen. Diese Behandlungsform ermöglicht es, dem Unterbewußtsein jede Anweisung zu geben, die der Mensch braucht, um körperliche Schmerzen oder psychische Leidsituationen zu überwinden, an denen er zu verzweifeln droht, darunter natürlich *alle Arten von Angst*.

Die Hypnose ist ebenfalls eine kluge Sicherheitseinrichtung der Natur, die sie zum Schutz des Menschen vor körperlichem wie psychischem Schmerz geschaffen hat; gleichzeitig gab sie ihm damit die Möglichkeit, sich geistig so zu konditionieren, daß er alle angestrebten Ziele erreicht, beispielsweise Fülle und finanziellen Wohlstand anstelle von Armut.

Alle Menschen wenden ständig die Autosuggestion (Selbsthypnose) an, sei es absichtsvoll oder ohne es zu wissen. Traurig ist nur, daß die meisten von uns sie unwissentlich in negativer Weise benutzen, indem sie sich negativem Denken und destruktiven Gefühlen überlassen und so ihrem Unterbewußtsein Armut, Krankheit, Unglück, Angst und Einschränkungen jeder nur denkbaren Art suggerieren und deshalb prompt auch über sich bringen. Eine negative Anwendung der Autosuggestion findet immer dann statt, wenn ein Mensch es zuläßt, daß er von Ängsten und Sorgen gequält wird, die seine Aufmerksamkeit ständig *auf unerwünschte Umstände und Dinge hinlenken.*

Die positive Anwendung der Autosuggestion, durch die man sich auf *erwünschte* Umstände und Dinge konzentriert, wird in den nachfolgenden Kapiteln ausführlicher beschrieben. Das Rezept ist einfach.

Wird die Autosuggestion von zwei oder mehr Menschen angewandt, die in völliger Harmonie gemeinsam auf ein bestimmtes Ziel hinarbeiten, wie beispielsweise Mann und Frau beim Sexualakt, grenzen die Ergebnisse oft ans Wunderbare.

Im weiteren Verlauf dieses Buches ist immer wieder die Rede von Möglichkeiten, die Ihnen zu Ihrer Nutzung und Ihrem Wohle zur Verfügung stehen. Es sind unter anderem:

1. *Autosuggestion:* Bewußte Anweisungen, die wir unserem Unterbewußtsein im Hinblick auf jedes gewünschte Ziel eingeben, indem wir einfach unsere Wünsche mit starkem Gefühl unterlegen und sie häufig wiederholen, wie es in Kapitel 14 dargestellt wird. Der suggerierte Inhalt prägt sich dem Unterbewußtsein ein, das dementsprechend reagiert.

2. *Transmutation:* Der bewußt vollzogene Akt der Umwandlung der Inhalte unseres Denkens und Fühlens, zum Beispiel die Umpolung von Komponenten der Angst, Freudlosigkeit und Armut in solche des Reichtums, Glücks und Erfolgs. Eine sehr ausgeprägte Umwandlung kann stattfinden, wenn wir in allen unangenehmen Umständen nach dem »Keim für einen Vorteil oder einen Nutzen« Ausschau halten und uns auf die Entfaltung dieses »Keims« konzentrieren.

3. *Der Master-Mind* oder *Bund führender Köpfe:* Eine Verbindung zweier oder mehrerer Köpfe in einem Zustand vollkommener Harmonie zum Erreichen bestimmter Ziele. Das tiefste Bündnis dieser Art besteht oft zwischen Eheleuten.

4. *Selbsthypnose:* Einpflanzung autosuggestiver Eingebungen und Anweisungen, jedoch in einem Zustand herabgesetzten Bewußtseins. Selbsthypnose ist also Autosuggestion im meditativen Zustand leichter Trance. Mit dieser Methode stellen wir sicher, daß wir ein gewünschtes Ziel erreichen.
Die Selbsthypnose zählt zu den wichtigsten jener Techniken, mit denen ich selbst Millionen Menschen geistig-seelisch so konditionierte, daß sie finanziellen Wohlstand und Seelenfrieden erlangten.

5. *Unterbewußtsein:* Der unterbewußte Bereich des Geistes fungiert als sechster Sinn und als Tor zur unendlichen Weisheit.

Dieses Tor kann mit Hilfe der in Kapitel 15 gelieferten Formel geöffnet und ohne Einschränkung zu jedem gewünschten Zweck genutzt werden. Durch dieses Tor müssen alle Gebete gelenkt werden. Und denken Sie immer an die wichtige Tatsache, daß durch dieses Tor (das manchmal sorglos offengelassen wird) *die von anderen Menschen freigesetzten negativen Gedanken und Gefühle in Ihnen Eingang finden und Fehlschläge, Sorgen, Niederlagen sowie psychische und körperliche Leiden verursachen können.*

Der durch unser Unterbewußtsein wirkende sechste Sinn ist sowohl Sender als auch Empfänger. Jeder von uns hat die Verpflichtung, sich vor den negativen Gedanken und Gefühlen anderer Menschen zu schützen, die sein »Empfangsgerät« ständig auffängt, und die anderen Menschen zu schützen, indem er es unterläßt, über seine »Sendestation« Negatives auszustrahlen.

Das einzige sichere Verfahren für die Förderung des eigenen Wohlergehens und den Schutz anderer besteht darin, sich eine grundsätzlich positive Haltung zu eigen zu machen, denn es ist so sicher wie das Amen in der Kirche, *daß die Gedanken und Gefühle, die ein Mensch aussendet, vervielfacht zurückkehren – zu seinem Segen oder seinem Fluch.*

Ein großer Philosoph faßt diese tiefe Wahrheit in der knappen Feststellung zusammen: »Was du durch die Gedanken, die du aussendest, für einen anderen tust oder einem anderen antust, das tust du für dich selbst oder dir selbst an.« Lasten Sie daher Ihre »Sendestation« derart mit dem Ausstrahlen positiver Gedanken aus, daß keine Kapazität für den Empfang negativer Gedanken mehr zur Verfügung steht. Von dieser Möglichkeit *kann jeder Mensch Gebrauch machen.*

Von anderen Menschen freigesetzte negative Gedanken, die durch Gedankenübertragung (Telepathie) zu uns gelangen, können sofort in positive Gedanken umgewandelt und, mittels Autosuggestion, zur Herbeiführung von Umständen und Erlangung von Dingen eingesetzt werden, die wir uns wünschen. Das ist die segensreichste Form der Gedankenumwandlung, die wir Menschen kennen.

Schrecken Sie nicht vor Ausdrücken wie »Autosuggestion« und »Selbsthypnose« zurück, die Ihnen vielleicht nicht ganz vertraut sind. Es ist eine schlichte Tatsache, daß Sie diese Methoden der Selbstbeeinflussung ständig anwenden, auch wenn Sie sich dessen nicht bewußt sind. Darum sollten Sie sich diese, statt sie blind und in zerstörerischer Weise zu benutzen, ganz bewußt aneignen und sie gezielt einsetzen, um gewünschte Ziele zu erreichen. Das gelingt leicht, wenn man das ihnen zugrunde liegende Prinzip versteht und zweckbestimmt anwendet.

6

Wachstum durch Kampf

Viertes Wunder des Lebens

Die Notwendigkeit zu kämpfen ist eine kluge Einrichtung der Natur, durch die sie den Menschen *zwingt*, sich zu entfalten und zu entwickeln, Fortschritte zu machen, am Widerstand zu wachsen und zu erstarken. Im allgemeinen werden die Kämpfe entweder zu einer Qual oder zu einem großartigen Erlebnis, in dem der Mensch seine Dankbarkeit für die Chance ausdrückt, den Gegenstand seines Kampfes zu erobern.

Das Leben ist praktisch von der Geburt bis zum Tod eine ununterbrochene Abfolge immer vielfältigerer Kämpfe, denen niemand von uns aus dem Weg gehen kann.

Die Unwissenheit läßt sich nicht kampflos besiegen. Bildung erfordert tatsächlich einen ewigen Kampf, und dabei ist jeder neue Tag wieder der Anfangstag, weil die Bildung immer neue, größere Anforderungen an den Lernenden stellt. Sie ist eine Lebensaufgabe.

Die Ansammlung materieller Reichtümer kostet in der Regel zahllose Kämpfe, die sogar ein solches Ausmaß annehmen können, daß sich manche Menschen bereits in jungen Jahren bei dem Versuch umbringen, mehr zu verdienen, als sie brauchen. Streß und Überanstrengung raffen sie dahin.

Auch die Aufrechterhaltung körperlicher Gesundheit erfordert ständig mannigfaltige Kämpfe: den Kampf um Nahrung und Unterkunft; den Kampf um die Chance, den eigenen Lebensunterhalt zu verdienen; den Kampf um die Bewahrung eines Postens; den

Kampf um Anerkennung im Beruf; den Kampf um die Rettung eines Geschäfts vor dem Konkurs ...

In welche Richtung wir auch schauen, wir sehen, daß es im täglichen Leben kaum einen Umstand gibt, der uns Menschen nicht herausfordert zu kämpfen, wenn wir überleben wollen.

Zwangsläufig gelangen wir zu der Erkenntnis, daß die universelle Notwendigkeit zu kämpfen einem bestimmten, nützlichen Zweck dienen muß. Dieser besteht darin, uns zu zwingen, unseren Verstand zu schärfen, Begeisterung zu entwickeln, Glauben zu entfalten, Zielstrebigkeit zu erlangen, unsere Willenskraft zu verstärken, unsere Phantasie zur Entdeckung neuer Verwendungsmöglichkeiten für alte Ideen und Vorstellungen anzuregen und *auf diese Weise irgendeinen uns unbekannten Auftrag zu erfüllen, für den wir vielleicht geboren sind.*

Kämpfe verhindern, daß der Mensch vor Selbstzufriedenheit oder Langeweile einschläft, sie treiben ihn bei der Erfüllung seiner Lebensaufgabe vorwärts und aufwärts. Dadurch leistet er seinen persönlichen Beitrag zum universellen Daseinszweck der Menschheit auf Erden, worin immer dieser bestehen mag.

Stärke, körperliche wie psychische, ist das Produkt ständigen Kampfs!

»Gehen Sie die Sache an«, riet der Philosoph Ralph Waldo Emerson, »und Sie werden die Kraft haben.«

Stelle dich dem Kampf und bestehe ihn, sagt die Natur, dann wirst du *genügend Kraft und Weisheit für alle deine Bedürfnisse* haben.

Willst du einen starken Arm, sagt die Natur, dann arbeite systematisch mit einem drei Pfund schweren Hammer, und du wirst bald Muskeln wie Stahlseile kriegen. Willst du keinen starken Arm, sagt die Natur, so trage ihn in einer Schlinge, gebrauche ihn nicht und beseitige den Grund zum Kämpfen, dann wird seine Kraft bald erlahmen und schließlich erlöschen.

In jeder Form des Lebens sind Verkümmerung und Tod die unweigerliche Folge von Untätigkeit! Das einzige, das die Natur nicht duldet, ist Untätigkeit. Durch die Notwendigkeit zu kämpfen und durch das Gesetz der Veränderung hält die Natur im ganzen Universum alles in einem Zustand des Fließens. Nichts, angefangen von den Elektronen und Protonen der Materie bis zu den im Raum dahinfliegenden Sonnen und Planeten, steht je auch nur eine Sekunde still. Das Motto der Natur lautet: Bleib in Bewegung – oder geh zugrunde! Und hier gibt es keine Zwischenlösung, keinen Kompromiß, keine Ausnahme, aus welchem Grund auch immer.

Sollten Sie bezweifeln, daß es dem Menschen von der Natur auferlegt wurde, ständig zu kämpfen oder zugrunde zu gehen, dann beobachten Sie einmal, was mit einem Mann geschieht, der ein Vermögen gemacht hat und sich »zur Ruhe setzt« – der aufhört zu kämpfen, weil er es nicht mehr für nötig hält.

Die stärksten Bäume sind nicht jene, die geschützt mitten in einem dichten Wald stehen, sondern jene, die an exponierten Stellen wachsen und unaufhörlich gegen Wind und Wetter kämpfen müssen.

Mein Großvater war Stellmacher. Wenn er Land rodete, um etwas anbauen zu können, ließ er auf den Feldern immer ein paar Eichen frei stehen, damit sie durch die Ausgesetztheit hart und zähe würden. Später fällte er sie dann und benutzte das Holz für die Herstellung der Felgenkränze seiner Wagenräder; es war Holz, das sich in bogenförmige Teile biegen ließ, ohne zu brechen. Er machte die Erfahrung, daß geschützte Waldbäume kein solches Holz lieferten; ihr Holz war zu weich und brüchig, weil die Bäume es nicht nötig hatten zu kämpfen. Aus dem gleichen Grund sind manche Menschen »weich« und nicht darauf vorbereitet, die Widerstände des Lebens zu überwinden.

Die meisten Menschen gehen im Leben den Weg des geringsten Widerstands, in sämtlichen Situationen, die ihnen eine Wahl lassen. Sie erkennen nicht, *daß der Weg des geringsten Widerstands alle Flüsse und auch viele Menschen krumm werden läßt!*

Fast alle Formen von Kampf sind mit etwas Schmerz verknüpft, aber die Natur entschädigt den Menschen für diesen Schmerz durch *Kraft, Stärke und Weisheit, die aus der praktischen Erfahrung erwachsen.* Kampf ist ein Wesenselement des Lebens – doch damit sind selbstverständlich nicht blindwütiger Streit und zerstörerische Aggression gemeint, die als rücksichtslose Brutalität und in sinnlosen Kriegen immer wieder Unglück über die Menschen gebracht haben! Doch selbst die Bewahrung des Friedens erfordert es, den Unfriedlichen entschlossen entgegenzutreten.

Während der Ausarbeitung der wissenschaftlichen Erfolgsphilosophie machte ich die aufschlußreiche Feststellung, daß bei den erfolgreichsten Führungspersönlichkeiten aus jeder Gesellschaftsklasse und Berufsgruppe die Führerqualitäten in einem ziemlich genauen Verhältnis zum Ausmaß ihrer Kämpfe um eben diese Führerschaft standen.

Mit größtem Interesse registrierte ich, daß während der ganzen langen Periode zwischen der Steinzeit und unserer gegenwärtigen Kultur offenbar niemals ein Mensch, der nicht zuvor durch die Notwendigkeit zu kämpfen auf die Probe gestellt worden war, in Krisenzeiten zum Führer gewählt wurde.

Das gründliche Studium aller kulturgeschichtlichen Aufzeichnungen von der Zeit der Höhlenmenschen bis zur Gegenwart zeigt klar, daß die menschliche Kultur das Produkt ewigen Kampfes ist. Ja, der Kampf ist zweifellos eine jener Einrichtungen unseres Schöpfers, mit denen er die Menschen zwingt, auf das Gesetz des Wachstums durch Veränderung zu reagieren, damit der Gesamtplan des Universums verwirklicht werden kann.

Wenn ein Mensch sich geistig so konditioniert, daß er bereit ist, milde Gaben von der Regierung anzunehmen, statt seine Bedürfnisse durch eigene Initiative zu erfüllen, beschreitet er den Weg zu Niedergang und spiritueller Blindheit. Wenn ein Volk in seiner Mehrheit sein ererbtes Vorrecht aufgibt, durch Kampf selbst seinen Weg zu gehen, *gerät es, wie die Geschichte klar zeigt, in einen Strudel des Verfalls, der unweigerlich mit seiner Auslöschung endet.*

Ein Mensch, der sich nicht nur damit abfindet, von öffentlicher Unterstützung zu leben, *sondern diese Unterstützung sogar fordert,* ist bereits spirituell tot. Sein Körper bewegt sich zwar noch, ist aber nichts als eine leere Hülle, die von der Zukunft nichts zu erhoffen hat als ein Begräbnis. Dies gilt natürlich nur für körperlich voll leistungsfähige Menschen, die aufhören zu kämpfen, weil sie zu gleichgültig oder zu träge sind zu wachsen.

Ich selbst schlug mich mehr als zwanzig Jahre lang mit Problemen herum, die meine Ausarbeitung der ersten praktischen Erfolgsphilosophie der Welt mit sich brachte. Zuerst mußte ich mir als Vorbereitung das nötige Wissen aneignen, und das kostete keinen geringen Kampf. Dann kämpfte ich darum, mich finanziell über Wasser zu halten, während ich die erforderlichen Forschungsarbeiten durchführte, die eine Voraussetzung für die Formulierung dieser Philosophie waren. Noch mehr Kämpfe hatte ich auszufechten, als es die Anerkennung der Welt für meine Philosophie und für mich selbst zu erringen galt.

Zwanzig Jahre Kampf ohne direkte finanzielle Entschädigung sind eine Erfahrung, die nicht gerade dazu angetan ist, in einem Menschen ständig die Hoffnung aufrechtzuerhalten. Doch diese Jahre des Kämpfens hatte ich als Preis für eine Philosophie zu bezahlen, die dazu bestimmt sein sollte, unzähligen Menschen zu helfen, von denen viele beim Beginn meiner Arbeit noch gar nicht geboren waren.

Entmutigend? Herzzerreißend? – Keineswegs! Ich glaubte von Anfang an, daß mein Kampf zu einem Sieg führen würde, der im direkten Verhältnis zu meiner in die Arbeit investierten Mühe stand. Und in dieser Hoffnung wurde ich nicht enttäuscht, ganz im Gegenteil. Die phantastische Art, in der die Welt reagierte und mir für die langjährige Arbeit Hochachtung zollte, überwältigte mich geradezu.

Mein Kampf trug mir jedoch außerdem noch etwas ein, das einen viel höheren, bleibenderen Wert besitzt. Es war die Erkenntnis, daß ich durch diesen Kampf *tief ins Innere der spirituellen Quellen meiner Seele vorgedrungen war,* wo ich frei verfügbare Kräfte für jeden Zweck fand, der mir erstrebenswert erschien – Kräfte, von deren Existenz in mir ich nichts gewußt hatte und *die ich ohne den Kampf nie und nimmer aufgespürt hätte.*

Dank meiner Kämpfe entdeckte ich auch die in Kapitel 4 beschriebenen magischen acht Führungsprinzen; ich lernte, diese unsichtbaren Freunde einzusetzen, die sich um alle meine körperlichen, finanziellen sowie spirituellen Bedürfnisse kümmern und für mich arbeiten, ob ich schlafe oder wach bin.

Schließlich wurden mir im Zuge meiner Kämpfe die Naturgesetze kosmischer Gültigkeit klar, was mich letztendlich zu dem Punkt führte, an dem ich bereit war, der Welt zu ihrem Nutzen meine im Kampf erworbenen Erfahrungen weiterzugeben.

Aufgrund dieser Erfahrungen gelangte ich zu der Feststellung, daß der Schöpfer nie eine Person für einen wichtigen Dienst an der Menschheit auswählt, ohne sie zuvor entsprechend der Art des Dienstes, den sie leisten soll, im Kampf zu erproben. Im Lauf meines Kampfes lernte ich also, die Gesetze, Ziele und Arbeitspläne des Schöpfers zu deuten, soweit sie sich auf mich und die Menschheit im allgemeinen bezogen.

Welchen größeren Nutzen könnte jemand aus Kämpfen ziehen wollen? Welchen größeren Lohn könnte jemand irgendeiner anderen Sache abgewinnen?

Bis jetzt haben Sie vier Wunder des Lebens kennengelernt, aber diese sind nicht unbedingt die wichtigsten unter all denen, die wir auf unserer Reise durch das Wundertal der Natur kennenlernen.

Auf der zurückgelegten Strecke haben Sie jedoch bereits genug gesehen, um überzeugt zu sein, daß in allen Umständen, die unser Leben berühren oder beeinflussen, etwas Gutes beschlossen liegt; gleichgültig ist dabei, ob es sich um Umstände handelt, über die Sie volle Kontrolle ausüben können, oder um solche, über die Sie keine Kontrolle haben, *abgesehen von der Kontrolle Ihrer geistigen Reaktion auf sie.*

Während der Weiterreise in den folgenden Kapiteln sollte Ihr Geist sich entfalten, bis Sie schließlich erkennen, daß Umstände, die Sie vielleicht als unangenehm empfinden, ein Teil des Gesamtplans unseres Schöpfers in Verbindung mit dem menschlichen Schicksal auf Erden sein können.

Das Hauptanliegen dieses Kapitels war es, Ihr Bewußtsein zu erweitern, damit Sie auch wichtige Lebenstatsachen, *von denen der*

einzelne nicht unmittelbar betroffen ist, erfassen und sich vergegenwärtigen möchten.

Seelenfrieden wäre nicht zu erlangen ohne die Fähigkeit, das
ganze Bild und den ganzen Sinn des Lebens im Gesamtzusam-
menhang zu sehen. Wir müssen begreifen, daß unser individuelles
Leben und Wirken einem höheren Ziel dienen, das weit über unsere persönlichen Wünsche und Vergnügen hinausgeht.

Haben wir dieses höhere Ziel unseres Daseins erst einmal erkannt, söhnen wir uns auch mit den Kampferfahrungen aus, die
wir auf unserem Lebensweg machen müssen, und wir sehen in
ihnen gute Chancen für unsere Vorbereitung auf noch höhere und
bessere Existenzebenen als jene, die wir gegenwärtig bevölkern.

7

Die Armut beherrschen

Fünftes Wunder des Lebens

Armut ist die Folge eines negativen geistigen Zustandes, der bei nahezu jedem lebenden Menschen gelegentlich auftritt. Sie führt die Liste der sieben grundlegenden Ängste an und hat die katastrophalsten Auswirkungen; dabei ist sie in Wirklichkeit nichts anderes als der Ausdruck einer geistigen Fehlhaltung, und wir können sie genauso kontrollieren wie unsere anderen Ängste.

Was für einen mächtigen Faktor die Armut im Menschenleben darstellt, ist aus der Tatsache ersichtlich, daß viele Menschen in einer ärmlichen Umgebung geboren werden, diese *als unüberwindlich akzeptieren* und zeitlebens darin verhaftet bleiben. Möglicherweise ist die Armut ein Prüfinstrument, mit dem unser Schöpfer die Schwachen von den Starken trennt, denn interessanterweise werden Menschen, die ihre Armut überwinden, nicht nur reich an materiellem Besitz, *sondern auch an spirituellen Werten und Weisheit.*

Nach meiner Beobachtung sind Menschen, denen es gelingt, sich aus der Armut emporzuschwingen, von ausgeprägtem Glauben an ihre Fähigkeit erfüllt, mit praktisch allem fertigzuwerden, was ihren Fortschritten im Weg steht. Jene Menschen dagegen, die in der Armut etwas Unentrinnbares sehen und sich mit ihr abfinden, zeigen auch in vielen anderen Belangen Schwäche. In meinem ganzen bisherigen Leben bin ich nie jemandem begegnet, der seine Armut als unvermeidlich ansah und es nicht gleichzeitig versäumte oder unterließ, die ihm vom Schöpfer geschenkte Macht seines Geistes zu nutzen, wie das ganz offensichtlich dem göttlichen Gesamtplan entsprechen würde.

Jeder Mensch macht im Leben Perioden der Prüfung durch – unter den verschiedensten Umständen, die klar erkennen lassen, ob er das große Geschenk der ihm zugedachten Kontrolle über seine Geisteskraft angenommen hat und verwertet. Ich habe immer wieder beobachtet, daß mit diesem großen Geschenk sichtbare Belohnungen für denjenigen verknüpft sind, der es akzeptiert und einsetzt, ebenso aber auch empfindliche Nachteile für denjenigen, der das nicht tut.

Eine der gewichtigeren Belohnungen für die Nutzung dieses Geschenkes besteht darin, daß wir völlig frei von den sieben grundlegenden Ängsten und den anderen kleineren Ängsten sein können und daß wir uneingeschränkten Zugang zur immensen, geradezu magischen Kraft des *Glaubens* finden, der an die Stelle all dieser Ängste tritt.

Demgegenüber leiden alle diejenigen, die das ihnen zugedachte Geschenk ausgeschlagen haben, nicht nur unter den sieben grundlegenden Ängsten, sondern außerdem unter zahlreichen anderen Beeinträchtigungen, die mit diesen Ängsten nichts zu tun haben. Eines der Hauptmerkmale besteht in der *totalen Unfähigkeit, Seelenfrieden zu erlangen.*

Die Armut hat viele Vorzüge, sofern ein Mensch ihr gegenüber eine positive Geisteshaltung einnimmt, statt sich ihr zu unterwerfen, weil er sie aus falschem Glauben für unvermeidlich hält oder aus einer trägen Einstellung beschließt, es lohne sich nicht, gegen sie zu kämpfen. Die Armut ist eine Herausforderung der Natur, die den Menschen zwingt, seinen Verstand zu schärfen, Begeisterung zu entfalten, aus eigener Initiative zu handeln und entschlossen die gegen ihn arbeitenden Kräfte zu bekämpfen, um die eigene Existenz zu sichern oder überhaupt am Leben zu bleiben.

Die Armut kann tatsächlich dem Ansporn dienen, den Menschen in einen Geisteszustand zu manövrieren, in dem er *sein eigenes Inneres entdeckt.* In den Vereinigten Staaten gibt es, wie in den meisten westlichen Industrieländern, keinen gültigen Grund, aus dem ein geistig leistungsfähiger Mensch die Sklaverei der Armut hinnehmen und sich von ihr knechten lassen sollte. Wir leben in einem bestens geeigneten Trainingsgelände für persönliche Freiheit, das somit jedem von uns die denkbar besten Gelegenheiten zur Annahme und zum Einsatz des großen Geschenks gibt: *das Recht, sein Schicksal selbst zu planen und zu verwirklichen.* In diesem Gelände finden sich auch alle nur vorstellbaren Motive für die Annahme und den Einsatz des großen Geschenks. Der Lohn dafür ist so immens, daß jeder von uns buchstäblich aus dem vollen schöpfen kann.

Das Glück ist dem hold, der in Armut geboren wird. Den besten Beweis dafür liefert die bekannte Tatsache, daß nur selten ein in *übermäßigem* Wohlstand geborener Mensch irgend etwas Wertvolles leistet, das die Welt zu einem besseren Ort für die Menschheit macht. Viele Kinder aus sehr reichen Familien kommen nie in den Genuß des erzieherischen Einflusses von Armut und Kampf, sie sind »verweichlicht« – und überheblich – und haben deshalb weder die nötige Ausdauer noch die Motivation, sich nützlichen Aufgaben mit Zähigkeit und Durchsetzungsvermögen zu widmen. Lacht das Glück einmal einem sehr reichen Menschen, dann hat dieser in der Regel seinen Reichtum nicht einfach geerbt oder gar mit Methoden erlangt, die andere Menschen verletzten, sondern ihn durch nützliche Dienste erworben. Zweifelsohne blickt das Glück unwirsch auf unrechtmäßig erworbenen Reichtum und *sorgt oft dafür, daß er sich in geheimnisvoller Weise verflüchtigt.*

Ob Armut zu einem Fluch oder einem Segen wird, hängt ganz von der Einstellung des einzelnen Menschen zu ihr ab. Nimmt man sie im Geist falschverstandener Demut als unvermeidliche Benachteiligung hin – so wird sie genau dazu werden! Sehen wir aber in der Armut eine Herausforderung, uns durchzukämpfen und sie zu überwinden, so wird sie zu einem Segen – tatsächlich sogar zu einem der großen Wunder des Lebens. Die Armut kann ein Stolperstein sein, ebenso aber auch ein Trittstein, über welchen wir Menschen zu Erfolgen emporsteigen, an denen unser Herz hängt. Ob das eine oder das andere eintritt, hängt von nichts anderem ab als von unserer persönlichen Einstellung zur Armut und unserer Reaktion auf sie.

Armut wie Reichtum sind im Grunde genommen vor allem eine Frage der Geisteshaltung! Sie entstehen genau nach dem Muster, das wir von ihnen entwerfen und uns durch die Gedanken vergegenwärtigen, die in unserem Geist vorherrschen. Gedanken an Armut ziehen unweigerlich ihr materielles Gegenstück an. Das Gesetz der *harmonischen Anziehung* formt alle Gedanken in die ihnen entsprechenden materiellen Gegenstücke um. Diese große Wahrheit erklärt, warum viele Menschen zeitlebens Unglück und Armut erfahren. Sie lassen zu, Unglück und Armut zu fürchten; ihre vorherrschenden Gedanken richten sich auf diese beiden Umstände. Das Gesetz der harmonischen Anziehung macht sich geltend und bringt ihnen, *was sie erwarten.*

Als kleiner Junge hörte ich eine dramatische Rede über das Thema Armut, die nachhaltigen Eindruck auf mich machte. Ich bin sicher, daß diese Rede in mir die Entschlossenheit weckte, die Armut zu besiegen, obwohl ich einer armen Familie entstammte und nie etwas anderes als Armut kennengelernt hatte. Die Rede hielt meine Stiefmutter, kurz nachdem sie in unser »Heim« gekommen war, eine der trostlosesten, armseligsten Behausungen, die ich je kennenlernte.

Ihre Rede lautete folgendermaßen:

»Die Hütte hier, die wir als Heim bezeichnen, ist eine Schande für uns und ein Hemmschuh für unsere Kinder. Wir alle sind körperlich gesund, und es besteht gar kein Grund für uns, die Armut zu akzeptieren, wo wir doch wissen, daß sie nichts anderes als das Ergebnis von Faulheit oder Gleichgültigkeit ist.

Wenn wir hier bleiben und die Umstände akzeptieren, in denen wir jetzt leben, werden unsere Kinder in diesen Umständen heranwachsen und sie ebenfalls akzeptieren. Ich mag Armut nicht! Ich habe die Armut nie als mein Schicksal akzeptiert und werde das auch jetzt nicht tun!

Im Moment weiß ich noch nicht, wie unser erster Schritt auf dem Weg aus der Armut in die Freiheit aussehen wird, aber soviel weiß ich: Wir werden es schaffen, uns zu befreien, ganz gleich, wie lange es dauert, wie viele Opfer wir bringen müssen. Ich habe die Absicht, unseren Kindern den Vorteil einer guten Bildung zu verschaffen. *Mehr noch, ich möchte, daß sie vom Ehrgeiz erfüllt sind, die Armut zu besiegen.*

Armut ist eine Krankheit, die chronisch wird und schwer zu überwinden ist, wenn man sie erst einmal akzeptiert hat.

Es ist keine Schande, arm geboren zu sein. Aber ganz bestimmt ist es eine Schande, dieses Erbe als etwas Unwiderrufliches hinzunehmen.

Wir leben in einem der reichsten und höchstentwickelten Länder der zivilisierten Welt. Hier winken jedem Chancen, der bestrebt ist, sie zu erkennen und zu ergreifen. Und was unsere Familie angeht – wenn uns keine Chance winkt, *dann schaffen wir uns eben selbst die Chance, diesem Leben hier zu entrinnen!*

Armut ist wie eine schleichende Lähmung. Ganz allmählich zerstört sie das Verlangen nach Freiheit, raubt einem den Wunsch, sich an besseren Dingen des Lebens zu freuen, untergräbt die persönliche Initiative. Außerdem konditioniert sie den Menschen auf die Hinnahme einer Vielzahl von Ängsten, darunter der Angst vor Krankheit, Kritik und körperlichen Schmerzen.

Unsere Kinder sind zu jung, um die Gefahren zu kennen, die entstehen, wenn man die Armut als Schicksal akzeptiert. Aber ich werde dafür sorgen, daß sie diese Gefahren erkennen. Und ich werde auch dafür sorgen, daß sie ein Wohlstandsbewußtsein entwickeln! *Daß sie Wohlstand erwarten und bereit sind, den Preis für Wohlstand zu bezahlen!*«

Ich habe die Rede aus dem Gedächtnis zitiert; im wesentlichen waren es genau diese Worte, die meine Stiefmutter kurz nach der Heirat in meiner Gegenwart zu meinem Vater sagte. Ihr erster Schritt auf dem Weg aus der Armut bestand darin, daß sie meinen Vater überredete, das Louisville Dental College zu besuchen und Zahnarzt zu werden. Sie bezahlte seine Ausbildung mit der Lebensversicherungssumme, die sie nach dem Tod ihres ersten Mannes erhalten hatte.

Ihre Investition zahlte sich bald aus. Die Einkünfte meines Vaters benutzte sie dann dazu, ihre drei Kinder aus der ersten Ehe und meinen jüngeren Bruder auf verschiedene Colleges zu schikken. Damit brachte sie alle vier auf den Weg zur Überwindung der Armut.

Mir verhalf sie zu einer Stellung, dank der ich später von ANDREW CARNEGIE eine Chance erhielt, wie sie kein anderer Autor je bekam: die Chance, von mehr als fünfhundert der hochrangigsten Erfolgsmenschen zu lernen. Diese Männer arbeiteten mit mir an der von mir bereits mehrfach erwähnten Aufgabe, der Welt eine praktisch anwendbare Philosophie persönlichen Erfolgs zu geben. Das »Know-how«, das ihnen ihre lebenslangen Erfahrungen eingetragen hatten, bildet die Basis dieser Philosophie und das Flechtwerk meines Buches *Denke nach und werde reich*.

Nach zuverlässigen Schätzungen hat dieser mein Beitrag zur Bereicherung der Nachwelt vielen Millionen Menschen weltweit geholfen; im Grunde aber verdanke ich diese Leistung der »epochalen« Rede, mit der meine Stiefmutter der Armut abschwor.

Wie man sieht, kann Armut ein Umstand sein, der uns Menschen inspiriert, große Pläne zu schmieden und sie in die Tat umzusetzen. Meine Stiefmutter fürchtete die Armut nicht, sondern sie verabscheute sie und weigerte sich, sie hinzunehmen. Und irgendwie scheint unser Schöpfer jenen Menschen gewogen zu sein, die *genau wissen, was sie wollen und was sie nicht wollen*. Meine Stiefmutter war ein solcher Mensch. Hätte sie die Armut akzeptiert oder gefürchtet, wären die Zeilen, die Sie jetzt lesen, nicht geschrieben worden.

Armut ist eine bedeutsame Erfahrung, aber wenn wir sie kennengelernt haben, müssen wir sie unter Kontrolle bringen und überwinden, bevor sie unser Verlangen nach Freiheit und Unabhängigkeit zerstört. Ein Mensch, der nie Armut kennengelernt hat, dürfte zu bedauern sein; sehr zu bedauern ist jedenfalls ein Mensch, der Armut kennengelernt und sie als sein Schicksal akzeptiert hat, denn damit hat er sich selbst zu lebenslanger Knechtschaft verurteilt.

Die meisten wirklich großen Männer und Frauen unserer Geschichte haben die Armut kennengelernt, sie jedoch nicht akzeptiert, sondern besiegt und sich selbst befreit. Andernfalls wären sie nicht groß geworden. Wer vom Leben etwas annimmt, was er nicht will, ist nicht frei. Gott hat jedem von uns die Fähigkeiten und die Kraft gegeben, sein irdisches Schicksal weitgehend selbst zu bestimmen und uns von dem zu befreien, was wir nicht wünschen.

Armut kann als großer Segen wirken, genauso gut aber auch als lebenslanger Fluch. Ob sie zu dem einen oder dem anderen wird, bestimmt allein die Geisteshaltung, die wir ihr gegenüber einnehmen. Betrachten wir sie als Herausforderung zu größeren Anstrengungen, ist sie ein Segen. Nehmen wir sie jedoch als unvermeidliche Benachteiligung hin, ist sie ein fortdauernder Fluch.

Denken Sie daran, daß *Angst* vor Armut eine ganze Schar verwandter Ängste im Gefolge hat, darunter die Angst vor körperlichem und psychischem Schmerz.

Es gibt eine Geschichte von einem Mann, der starb und in die Hölle kam. Während der Aufnahmeprüfungen fragte ihn der Teufel: »Wovor hast du am meisten Angst?« Darauf antwortete der Mann: »Ich habe vor nichts Angst.«

»Dann bist du hier fehl am Platz«, entgegnete der Teufel. »*Wir nehmen nur Kunden auf, die von Ängsten gefesselt sind.*«

Man denke nur – in der Hölle ist kein Platz für denjenigen, der vor nichts Angst hat!

Wenn ich das Wort »Angst« höre, muß ich immer an eine Geschichte denken, die mir einmal Reuben Darby von der Massachusetts-Lebensversicherungsgesellschaft erzählte. Als er ein kleiner Junge war, betrieb sein Onkel in Maryland eine Plantage mit einer Getreidemühle. Auf der Farm lebte eine schwarze Pachtbauernfamilie. Eines Tages erschien eines der Negerkinder, ein zehnjähriges Mädchen, in der Mühle mit dem Auftrag, vom Mühlen- und Plantagenbesitzer fünfzig Cent zu erbitten.

Als der Besitzer von seiner Arbeit aufschaute, sah er das Negermädchen in respektvollem Abstand dastehen. Er fragte: »Was

willst du?« Das Mädchen sah ihn ruhig an und antwortete:
»Meine Mami sagt, Sie sollen ihr fünfzig Cent schicken.«

Mit finsterem Gesicht entgegnete der Plantagenbesitzer drohend: »Ich werde nichts dergleichen tun! Lauf nach Hause, sonst kriegst du ein paar übergezogen!« Er wandte sich wieder seiner Arbeit zu.

Nach einer Weile schaute er erneut auf und sah das Kind immer noch dastehen. Er packte eine Faßdaube, schwenkte sie und rief: »Wenn du nicht sofort verschwindest, bekommst du das hier zu spüren. Zieh ab, oder . . .«

Bevor er den Satz beenden konnte, sprang das Negermädchen vor ihn hin, hob trotzig das Gesicht und schrie mit voller Lautstärke: »Meine Mami braucht fünfzig Cent!«

Langsam legte der Plantagenbesitzer die Faßdaube weg, griff in die Hosentasche, zog fünfzig Cent hervor und reichte sie dem Mädchen. Es nahm das Geld, wich rasch zur Tür zurück und lief schnell davon. Der Plantagenbesitzer stand mit offenem Mund da und dachte über den seltsamen Vorfall nach. Ein Negerkind hatte ihn besiegt und war ungeschoren davongekommen – *eigentlich völlig undenkbar an diesem Ort!*

Wahrlich, Angst kann in Mut verwandelt werden, wie dieses Mädchen höchst überzeugend gezeigt hat.

Genauso kann Armut in Fülle und Erfolg verwandelt werden. Dies demonstrierte meine Stiefmutter in beeindruckender Weise, indem sie unsere Familie aus Armut und Verzweiflung heraushob. Sie hatte erkannt, daß niemand, *der seine geistig-seelischen Fähigkeiten nutzt und auf klare Ziele ausrichtet,* ein Opfer der Armut bleibt oder sich mit etwas abfinden muß, was er nicht will.

Nicht nur Geld oder materieller Besitz macht den Unterschied zwischen arm und reich aus. Im Leben gibt es zwölf große Reichtümer; elf davon sind immaterieller Natur, denn sie hängen eng mit den spirituellen Kräften zusammen, die der Menschheit zu Gebote stehen. Um Ihnen eine bessere Vorstellung davon zu vermitteln, wie man es anfängt, Armut in Reichtum zu verwandeln, stelle ich Ihnen nun die zwölf großen Reichtümer kurz vor.

Die zwölf großen Reichtümer des Lebens

Fragen Sie sich selbst, wie es bei Ihnen damit bestellt ist, und benoten Sie sich mit »gut«, »befriedigend« oder »schlecht«.

1. *Positive Geisteshaltung*

Sie führt die Liste der zwölf großen Reichtümer an, weil alle Reichtümer, materielle wie andere, als Geisteszustand beginnen. Über unsere Geisteshaltung haben wir Menschen die absolute Freiheit der Selbstbestimmung. Sie erzeugt die »Zugkraft«, mit der wir die materiellen Gegenstücke unserer sämtlichen Ängste, Wünsche, Zweifel und Überzeugungen anziehen. Unser Denken ist auch jener Faktor, der bestimmt, ob unsere Gebete negative oder positive Ergebnisse zeitigen. Wer das weiß, wird sich kaum darüber wundern, daß das positive Denken an der Spitze der großen Reichtümer des Lebens steht.

2. *Körperliche Gesundheit*

Sie beginnt mit »Gesundheitsbewußtsein«, mit Gedanken an Gesundheit – und nicht an Krankheit. Aufgrund dieser Einstellung finden wir zu Selbstbeherrschung, Mäßigkeit im Essen und einem ausgewogenen Maß an körperlicher Betätigung. Die Aufrechterhaltung einer positiven Geisteshaltung in allen Lebenslagen ist eines der großartigsten Vorbeugemittel gegen Krankheiten, das die Menschheit kennt. Als »großartig« wird es eingestuft, weil unsere Geisteshaltung ausschließlich unserer Kontrolle unterliegt.

3. *Harmonie in zwischenmenschlichen Beziehungen*

Es gibt zwei Formen von Harmonie, und beide müssen zusammenwirken, damit man die Harmonie unter die zwölf großen Reichtümer des Lebens einreihen kann: Harmonie mit uns selbst und Harmonie mit anderen. Unsere oberste Pflicht ist es, unsere *innere* Harmonie herzustellen. Um sie zu erlan-

gen, müssen wir die Angst beherrschen, eine positive Geisteshaltung beibehalten und uns im Leben ein großes Ziel setzen,
an dessen Verwirklichung wir mit wachsender Kraft glauben
können. Haben Sie Frieden in Ihrer Seele, dann werden Sie
keine Mühe haben, mit anderen Menschen Beziehungen zu
knüpfen, die vom Geist der Harmonie erfüllt sind. Reibungen
in zwischenmenschlichen Beziehungen sind oft eine Folge von
Verwirrung, Frustration, Angst und Zweifeln eines Menschen,
der diese negativen Geistes- und Gefühlszustände auf andere
projiziert und so jede Harmonie unmöglich macht.
Harmonie mit anderen beginnt bei der Harmonie mit dem
eigenen Ich, denn wie WILLIAM SHAKESPEARE sagt: »Sei ehrlich
zu dir selbst, und daraus folgt, so sicher wie die Nacht dem
Tage, daß du nicht falsch sein kannst zu einem andern.« Wer
diese Empfehlung befolgt, darf mit großen Vorteilen rechnen.

4. Freisein von Angst

Ein von Angst versklavter Mensch ist nicht reich, und er ist
auch nicht frei. Angst ist der Vorbote von Übeln, eine Beleidi-
gung des Schöpfers, der uns Menschen das Mittel gab, alles
Unerwünschte zurückzuweisen, indem er uns die vollständige
Kontrolle über unser Bewußt- und Gefühlsleben zuerkannte.
Bevor Sie den Grad Ihres Freiseins von Angst beurteilen, sollten Sie Ihre Seele genau erforschen und prüfen, ob sich in
Ihrem Inneren nicht eine der sieben grundlegenden Ängste
verbirgt. Und denken Sie daran: Wenn Sie die sieben grundlegenden Ängste in Glauben verwandeln, gelangen Sie an jenen
Punkt in Ihrem Leben, an dem Sie Ihre geistig-seelischen Fä-
higkeiten voll nutzen können, *und dies ermöglicht es Ihnen
dann, alles zu erlangen, was Sie sich im Leben wünschen, und
alles zurückzuweisen, was Sie nicht haben wollen.* Ohne das
Freisein von Angst dagegen kann es geschehen, daß die übri-
gen elf Reichtümer des Lebens wertlos werden.
In Kapitel 15 finden Sie das Rezept, mit dessen Hilfe Sie die
Angst vor Krankheit und körperlichem Schmerz besiegen

können. Wenden Sie es an und bezwingen Sie diese Angst; arbeiten Sie dann mit dem gleichen Rezept beharrlich daran, auch die sechs anderen grundlegenden Ängste zu überwinden.

5. *Hoffnung auf künftigen Erfolg* _____
Die Hoffnung ist der Vorläufer des großartigsten aller Geisteszustände, nämlich des Glaubens! Die Hoffnung hält uns Menschen in Notzeiten aufrecht, in denen wir, gäbe es sie nicht, von Angst übermannt würden. Die Hoffnung ist das Fundament der tiefsten Form von Glück, jenes Glücks, das aus der Erwartung eines Erfolgs bei einem noch nicht verwirklichten Plan oder Wunsch erwächst. Wahrhaft arm ist, wer nicht mit der Hoffnung in die Zukunft blicken kann, daß er zu dem Menschen werden wird, der er gern sein möchte; daß er die Position erlangen wird, die er sich im Leben erträumt; daß er das Ziel erreichen wird, daß er sich gesetzt und bisher nicht erreicht hat. Die Hoffnung hält die Seele zum Nutzen des Menschen wach und aktiv, *und sie hält die Kommunikationsleitung frei, durch die der Glaube uns Menschen mit der unendlichen Weisheit verbindet.* Die Hoffnung ist etwas wahrhaft Königliches, die göttliche Zier der anderen elf Reichtümer des Lebens.

6. *Fähigkeit zu glauben* _____
Glaube ist, wie gesagt, das Kommunikationsmittel zwischen unserem menschlichen Bewußtsein und dem großen universellen Bewußtsein unendlicher Weisheit Glaube ist der fruchtbare Boden im Garten unseres menschlichen Geistes, in dem wir alle Reichtümer des Lebens heranziehen können. Er ist das »ewige Elixier«, das unsere Denkimpulse in schöpferische Kraft und Aktion umsetzt. Er ist die Lebenskraft unserer Seele und kennt keine Grenzen. Glaube ist die spirituelle Eigenschaft, die, wenn wir sie mit Beten kombinieren, den direkten Zugang zur unendlichen Weisheit öffnet. Glaube ist die Kraft, die unsere Denkenergien in ihr spirituelles Äquivalent umwandelt; er ist das einzige Mittel, durch das die un-

endliche Weisheit des kosmischen Bewußtseins Gottes für uns
Menschen nutzbar gemacht werden kann.

7. *Bereitschaft,*
   Segnungen mit anderen zu teilen _____
   Wer die gnadenbringende Kunst, seine Segnungen mit anderen zu teilen, nicht beherrscht, hat den wahren Weg zu dauerhaftem Glück nicht gefunden; denn solches Glück erwächst
   vor allem daraus, daß wir die Wohltaten des Lebens mit anderen teilen. Vergessen wir nicht, daß der Platz, den wir in den
   Herzen anderer einnehmen, durch die Dienste bestimmt wird,
   die wir durch Teilen anderen leisten. Und vergessen wir auch
   nicht, daß alle Reichtümer verschönt und vervielfältigt werden
   können, indem wir sie so teilen, daß sie anderen nützen. Das
   Versäumnis oder die Weigerung, seine Segnungen mit anderen zu teilen, hat fast zwangsläufig eine Trennung des Menschen von seiner Seele zur Folge.
   Ein angesehener Lehrer sagte: »*Der Größte unter euch ist jener, der ein Diener aller wird.*« Ein berühmter Philosoph dazu:
   »Hilf dem Boot deines Bruders hinüber, und siehe, dein
   eigenes Boot hat die Küste erreicht.« Und ein anderer: »Was
   du für einen anderen tust, das tust du für dich.«

8. *Ein Liebeswerk* _____
   Es gibt keinen reicheren Menschen als jenen, der ein Liebeswerk gefunden hat und beharrlich an dessen Erfüllung arbei-
   tet, denn ein Liebeswerk ist die höchste Ausdrucksform
   menschlicher Arbeit. Arbeit ist die Brücke zwischen dem Verlangen und der Erfüllung sämtlicher menschlichen Bedürfnisse, sie garantiert allen menschlichen Fortschritt und verleiht
   der menschlichen Phantasie die Flügel des Handelns. Und jedes Liebeswerk ist geheiligt, weil es dem, der es vollbringt, die
   Freude des Selbstausdrucks beschert. Tun Sie das Werk, das
   Ihnen am besten gefällt, und es wird Ihr Leben bereichern,
   Ihre Seele verschönern und Sie selbst für alle, mit denen Sie in
   Berührung kommen, zu einer Quelle der Inspiration voll

Hoffnung, Glauben und Mut machen! Die Hingabe an ein Liebeswerk heilt uns von Melancholie, Frustration und Angst und erhält unsere körperliche Gesundheit ohnegleichen.

9. *Aufgeschlossenheit für alle Themen*
Toleranz, eines der höheren Merkmale unserer Kultur, kann nur ein Mensch üben, der aufgeschlossen ist für alle Themen, alle Menschen, alle Zeiten. Nur ein Mensch mit stets aufgeschlossenem Geist erlangt wirkliche Bildung und wird so darauf vorbereitet, die zwölf großen Reichtümer des Lebens zu empfangen und zu nutzen. Ein verschlossener Geist schrumpft ein und kappt die Kommunikationsleitung zur unendlichen Weisheit. Ein aufgeschlossener Geist sorgt dafür, daß wir im Lernprozeß bleiben und Wissen erwerben, das es uns ermöglicht, unsere geistigen Fähigkeiten zu nutzen und auf die Verwirklichung unserer Wünsche zu richten.

10. *Selbstdisziplin*
Ein Mensch, der nicht Herr seiner selbst ist, kann nicht Herr über etwas sein, das sich außerhalb von ihm befindet. Wer Herr seiner selbst ist, kann auch der Herr seines irdischen Schicksals werden, der »Meister seines Glaubens und der Führer seiner Seele«. Die höchste Form von Selbstdisziplin besteht darin, daß wir Herzensdemut zum Ausdruck bringen, wenn wir große Reichtümer erlangt haben oder für geleistete Dienste mit Anerkennung belohnt werden. Ohne Selbstdisziplin wird kaum jemand an das Ziel seiner Wünsche gelangen.

11. *Fähigkeit, die Menschen zu verstehen*
Ein Mensch, der für seine Mitmenschen viel Verständnis hat, wird erkennen, daß im Grunde alle gleich sind, weil sie aus dem gleichen Stamm hervorgingen; daß alle menschlichen Taten, gute wie schlechte, von einem oder mehreren der neun grundlegenden Motive im Leben ausgelöst werden. Diese Motive beruhen auf einem tiefen Gefühl oder einem zwingenden Verlangen:

O *Liebe,*

O das Verlangen nach *Geschlechtsbefriedigung,*

O nach *materiellem Gewinn,*

O nach *Selbsterhaltung,*

O nach *körperlicher* und *geistiger Freiheit,*

O nach *Anerkennung* und *Selbstausdruck,*

O nach *Fortdauer des Lebens nach dem Tod,*

O *Zorn,*

O *Angst* (siehe die sieben grundlegenden Ängste).

Wer andere verstehen will, muß zuerst sich selbst verstehen,
denn die Motive, die ihn zum Handeln, zur Tat treiben, entsprechen weitgehend jenen, von denen andere unter den gleichen Bedingungen motiviert werden.
Die Fähigkeit, andere zu verstehen, ist die Grundlage aller
Freundschaften; sie ist die Grundlage jeder Harmonie und guten Zusammenarbeit zwischen Menschen. Sie ist auch die
wichtigste Voraussetzung für die Bewährung in Führungspo-
sitionen, in denen wir auf die gutwillige Mitarbeit anderer an-
gewiesen sind. Viele Menschen sehen diese Fähigkeit als un-
entbehrlich für das Verständnis des Gesamtplans unseres Universums und seines Schöpfergottes an. Erkenne dich selbst,
und du bist auf dem richtigen Weg zum Verständnis anderer!

12. *Wirtschaftliche Sicherheit (Geld)* _____

Der letzte, aber nicht unbedeutendste unter den zwölf großen
Reichtümern ist Geld oder das Wissen, das zu wirtschaftlicher
Sicherheit verhilft. Wirtschaftliche Sicherheit erlangen wir
nicht durch den Besitz von Geld allein. Wir erreichen sie
durch die Dienste, die wir leisten, denn nützliche Dienste lassen sich – mit oder ohne Geld – allen Formen menschlicher
Bedürfnisse anpassen.

HENRY FORD erlangte seine wirtschaftliche Sicherheit nicht unbedingt durch das Geld, das er verdiente, sondern weil er einträgliche Arbeitsplätze für Millionen Männer und Frauen schuf und eine noch größere Zahl Menschen mit einem zuverlässigen Transportmittel versah.

Männer und Frauen, die mit der Erfolgswissenschaft vertraut sind und sie anwenden, besitzen wirtschaftliche Sicherheit, weil sie über das Mittel verfügen, mit dem sie zu erlangen ist. Es kann vorkommen, daß solchen Menschen das Geld ausgeht, daß sie es infolge Fehlinvestitionen in irgendeine Sache verlieren; dies aber raubt ihnen ihre finanzielle Sicherheit nicht, weil sie die eigentliche Geldquelle kennen und wissen, wie man mit dieser Quelle Verbindung aufnimmt und sie nutzt.

ANDREW CARNEGIE, zu seiner Zeit wohl der reichste Mann der Welt, verschenkte im letzten Abschnitt seines Lebens in großzügigen Stiftungen den größten Teil seines Vermögens von fast einer Milliarde Dollar; doch in einem Gespräch, das ich kurz vor seinem Tod mit ihm führte, sagte er dazu: »Ich habe den größten Teil meines Vermögens den Menschen zurückgegeben, von denen es zusammengetragen worden ist; aber die Summe, die ich weggegeben habe, ist verschwindend klein im Vergleich zu dem Reichtum, den ich den Menschen mit dem ›Know-how‹ des Erfolges hinterlasse, diesem ›Know-how‹, mit dessen Ausarbeitung und Weitergabe an die Welt ich Sie beauftragt habe.«

Nun kennen Sie das Gegenteil von Armut: die zwölf großen Reichtümer des Lebens. Es sollte eine Ermutigung für Sie sein, daß die erstgenannten elf Reichtümer jedem Menschen zugänglich sind, der sie bereitwillig annimmt, und daß die Annahme dieser elf Reichtümer den zwölften, die wirtschaftliche Sicherheit oder Geld, folgerichtig nach sich zieht.

Sie besitzen jetzt also das Rüstzeug, um Armut in Reichtum umwandeln zu können. Machen Sie sich die zwölf großen Reichtümer zu eigen, nutzen Sie sie im täglichen Leben, und Sie werden bald ein Erfolgsmensch sein – denn Erfolg ist nicht mehr und nicht weniger als die Erringung dieser zwölf Segnungen des Lebens.

8

Ein Fehlschlag kann ein Segen sein

Sechstes Wunder des Lebens

Ein *Fehlschlag* ist häufig ein verhüllter Segen, denn er bringt uns von angestrebten Zielen ab, die bei ihrer Verwirklichung zu einer Erschwernis für uns geführt oder gar unsere völlige Vernichtung bedeutet hätten. Oft öffnet uns ein Fehlschlag die Tür zu neuen Chancen und vermittelt nützliches Wissen über die Realitäten des Lebens – wenn auch durch Ausprobieren und Irren. Fehlschläge zeigen gewöhnlich auf, welche Methoden nicht funktionieren, und heilen eitle Menschen von ihrem Dünkel.

Die Niederlage der britischen Truppen unter LORD CORNWALLIS im Jahre 1781 brachte einerseits den Kolonien in Nordamerika die Freiheit, rettete aber andererseits wahrscheinlich das Britische Empire im Ersten und Zweiten Weltkrieg davor, besiegt zu werden, weil die Vereinigten Staaten von Amerika als souveräner und mächtiger Partner beide Male zugunsten Großbritanniens eingreifen konnten.

Die wirtschaftlichen Fehlschläge der amerikanischen Südstaaten als Folge des Verlusts der Sklaven im Bürgerkrieg waren letztendlich Keime für gleichwertige Wohltaten auf mehr als einem Gebiet:

Das Ende der Sklaverei zwang die Menschen, sich aus ihrer Abhängigkeit von den schwarzen Dienstboten zu lösen; dadurch entwickelten sie persönliche Initiative.

Das Ende der Sklaverei zwang auch die Frauen in den Südstaaten, selbständig zu werden und im Geschäfts- wie im Berufsleben ihren Platz an der Seite ihrer Männer einzunehmen.

Außerdem breitete sich die Industrialisierung rasch nach Süden aus, wo es nicht nur billigere Arbeitskräfte, Rohmaterial und Energie gab, sondern wo auch die Wetterbedingungen günstiger waren. Dank persönlicher Initiativen überwanden die Südstaatler ihren Haß auf die Yankees und öffneten den Süden für die Industrien der Nordstaaten. Es könnte sogar geschehen, daß sich der Süden im Lauf der Zeit zum eigentlichen Industriezentrum der Vereinigten Staaten von Amerika entwickelt.

Dr. Alexander Graham Bell forschte jahrelang nach Möglichkeiten, eine mechanische Hörhilfe für seine schwerhörige Frau zu konstruieren. Dieses Ziel erreichte er nicht, hier erlitt er einen Fehlschlag. Aber seine Forschungen führten zur Entwicklung des Telefons.

Als um 1920 das Radio immer größere Verbreitung erfuhr, wuchs in der Sprechmaschinenfirma Victor Talking Machine Company die Angst, denn man glaubte dort, das Radio werde das Geschäft mit Sprechmaschinen ruinieren. Der Chefingenieur des Unternehmens entdeckte im *Prinzip der Funkübertragung* jedoch eine bessere Art der Schallaufzeichnung; seine Entdeckung führte zu einer starken Nachfrage nach Sprechmaschinen, zu der es ohne die Entdeckung nicht gekommen wäre.

Thomas A. Edison erlitt seinen ersten Fehlschlag, als sein Lehrer ihm schriftlich bestätigte, er sei unfähig zu jeder Bildung. Das entsetzte Edison dermaßen, daß er sich selber ein Wissen aneignete, das ihm verhalf, ein großer Erfinder zu werden.

Bestimmt hätten viele Menschen Edisons partielle Taubheit als großen Nachteil angesehen. Doch Edison stellte sich in positiver Weise darauf ein und entfaltete so die Kraft, »von innen« zu hören, mit seinem sechsten Sinn. Dies war vielleicht der entscheidende Faktor, der ihm bei seiner Erfinderarbeit die Aufdeckung so vieler Naturgeheimnisse ermöglichte.

Ich verlor als kleiner Junge meine Mutter, was mich sehr erschütterte und was sicher nicht wenige Menschen als großen Nachteil für mein Leben betrachteten. Doch ich wurde für den Tod meiner Mutter mit einer Stiefmutter entschädigt, die starken

Einfluß auf mich hatte und mich zur Übernahme einer Aufgabe anregte, durch die ich den Menschen weit besser helfen konnte, als es sonst wohl möglich gewesen wäre.

Die Tatsache, daß mich mein Patengroßonkel, der Millionär war, in seinem Testament nicht bedacht hatte, empfand ich als schwere Niederlage. Später hatte ich Grund, ihm dafür dankbar zu sein, denn ich mußte meine Armut selbst überwinden, aus eigener Initiative, *und dabei lernte ich, wie man anderen die Überwindung der Armut lehren konnte.*

Analysieren Sie Fehlschläge und Niederlagen aus welchem Blickwinkel Sie immer wollen, Sie werden stets die tiefe Wahrheit finden, daß alle Fehlschläge und Niederlagen den Keim für einen Vorteil oder Gewinn in sich tragen. Das heißt freilich nicht, daß jeder Fehlschlag und jede Niederlage dem Betroffenen überraschend einen Nutzen als voll ausgereifte Frucht bescheren; nur der *Keim* für den Gewinn ist vorhanden. Er muß aus eigener Initiative, mit Phantasie und voll Zielstrebigkeit gesucht, zum Keimen gebracht und der Reife zugeführt werden.

Die meisten Menschen würden den Verlust ihrer Gehfähigkeit als argen Schlag und schlimme Beeinträchtigung empfinden – nicht so Franklin D. Roosevelt. Der spätere amerikanische Präsident stellte sich nach seiner Erkrankung an Kinderlähmung auf seine Gehbehinderung in solcher Weise ein, daß in ihm die Entschlossenheit erwachte, mit Hilfe von Beinschienen zu gehen. Ganz offensichtlich kam er im Leben gut voran, auch wenn ihn seine Beine nicht trugen. Dank seiner *geistigen Einstellung* zu seiner Behinderung gelang es ihm, diese auf ein Mindestmaß zu reduzieren.

Abraham Lincolns Fehlschläge als Lagerverwalter, Aufseher, Soldat und Advokat lenkten seine Talente auf Bereiche, wo er das nötige Rüstzeug fand, um zum bedeutendsten Präsidenten zu werden, den Amerika je hatte.

Mehr als zwanzig Fehlschläge, die ich in der Anfangszeit meiner beruflichen Laufbahn erlitt, veränderten meinen Weg und führten mich schließlich auf ein Gebiet, auf dem ich den bestmöglichen Dienst für andere zu leisten vermag.

CLARENCE SAUNDERS' Scheitern als Verkäufer inspirierte ihn zu einer Idee, dank der er in vier Jahren einen Gewinn von vier Millionen Dollar erzielte: eine neue Betriebsform von Einzelhandelsgeschäften, die Selbstbedienung. Sein System hat sich mittlerweile auf der ganzen Erde verbreitet.

Schläge gegen die körperliche Gesundheit eines Menschen lenken seine Aufmerksamkeit oft von seinem Körper weg, hin auf seine Geisteskraft, machen ihn damit mit dem wirklichen »Chef« seines Körpers bekannt, dem Geist, und eröffnen ihm weitreichende Möglichkeiten, die er bei voller körperlicher Gesundheit nicht erkannt hätte.

MILO C. JONES aus Fort Atkinson (Wisconsin) ackerte auf seiner Farm und rang ihr gerade das Nötigste zum Leben ab, bis er von einer Lähmung befallen wurde. Sie schritt so weit fort, daß er seinen Körper nahezu nicht mehr bewegen konnte. Dann machte er eine Entdeckung, die ihm nur ein solches Leiden vermitteln konnte. Er stellte fest, daß er über geistige Kraft verfügte, deren Leistungsvermögen einzig durch die Wünsche und Forderungen eingeschränkt wurde, die er an sie richtete, nicht aber durch die Unbrauchbarkeit seines Körpers. Dank dieser neuen Einstellung kam er auf die Idee, eine neuartige Wurstart zu entwickeln und als besonderes Produkt auf den Markt zu bringen. Im Lauf der Zeit wurde er damit zum Multimillionär.

Die Tatsache, daß Milo C. Jones diese Quelle immensen Reichtums nicht entdeckt hatte, solange er körperlich gesund gewesen war, gibt zu denken. Das große Gesetz des Wachstums durch Veränderung mußte Milo C. Jones erst auf das Invalidenlager werfen, seine alten Gewohnheiten zerstören und es ihm unmöglich machen, sein Brot wie bisher durch seiner Hände Arbeit zu verdienen, bevor er seine Geisteskraft entdeckte und herausfand, daß sie unendlich größer war als seine Muskelkraft.

Die Natur läßt nicht zu, daß ein Mensch eines angeborenen Rechts oder eines Nutzens beraubt wird, ohne ihm die Möglichkeit zu geben, auf irgendeine Weise entschädigt zu werden, wie man es am Fall von Milo C. Jones sieht.

Fehlschläge sind ein Segen oder ein Fluch, je nachdem wie der Betroffene darauf reagiert. Betrachten wir einen Fehlschlag als Wink des Schicksals, in eine andere Richtung zu gehen, und handeln dann entsprechend, erwächst praktisch zwangsläufig etwas Segensreiches daraus. Fassen wir einen Fehlschlag jedoch als Zeichen der eigenen Schwäche auf und brüten so lange darüber nach, bis wir uns minderwertig fühlen, ist er ein Fluch. Auf die *Art der Reaktion* kommt es an, und diese unterliegt immer vollkommen der Kontrolle des jeweiligen Menschen.

Niemand ist gegen Fehlschläge gefeit, jeder scheitert im Laufe seines Lebens viele Male; aber jeder von uns hat auch das Privileg und die Mittel, nach eigenem Belieben in der einen oder der anderen Weise darauf zu reagieren. Umstände, über die wir keine Kontrolle haben, können manchmal zu einem Fehlschlag führen; es gibt jedoch keine Umstände, die verhindern können, daß wir auf einen Fehlschlag in einer Weise reagieren, die dem eigenen Wohl am besten dient.

Fehlschläge sind ein sehr genaues Indiz, mit dem jeder von uns seine eigenen Schwächen entdecken kann; folglich eröffnen sie auch die Möglichkeit, Schwächen auszumerzen. In diesem Sinn ist jeder Fehlschlag ein Segen.

Viele von uns verlieren schon beim ersten Anzeichen eines Fehlschlags, noch bevor er überhaupt erfolgt ist, jede Hoffnung und werfen die Flinte ins Korn. Und ein hoher Prozentsatz gibt bereits nach einem einzigen Fehlschlag auf. Ein Mensch mit echten Führungsqualitäten läßt sich von einem Fehlschlag nicht unterkriegen, sondern nur zu größeren Anstrengungen anspornen. Achten Sie darauf, wie Sie auf Fehlschläge reagieren, dann erfahren Sie, ob Sie Führungsqualitäten besitzen. Ihre Reaktionen geben Ihnen zuverlässig Aufschluß darüber.

Wenn Sie eine bestimmte Sache nach drei Fehlschlägen weiter versuchen, dürfen Sie von sich annehmen, daß Sie in Ihrem erwählten Beruf einiger Führungsfähigkeit »verdächtig« sind. *Wenn Sie es nach einem Dutzend Fehlschlägen noch fertigbringen, weitere Versuche zu unternehmen, sprießt in Ihrer Seele ein genialer Keim.*

Bestrahlen Sie ihn mit der Sonne der Hoffnung und des Glaubens und beobachten Sie, wie er zu großen persönlichen Erfolgen heranwächst.

Es hat den Anschein, als schlage die Natur uns oft mit Widrigkeiten nieder, um herauszufinden, wer unter uns *aufsteht und den Kampf von neuem beginnt.* Jene, die diese Prüfung bestehen, werden als Schicksalsgestalten auserwählt, um in einem für die Menschheit bedeutsamen Werk als Führer zu dienen.

Darf ich Sie auf etwas sehr Wichtiges hinweisen? Wenn Sie beim nächsten Fehlschlag daran denken, daß alle Fehlschläge und Widrigkeiten den Keim für einen Nutzen oder Gewinn in sich tragen, wenn Sie diesen Keim sogleich suchen, ihn erkennen und aktiv handelnd zum Sprießen bringen, werden Sie feststellen, *daß ein Fehlschlag nicht als Realität existiert, sofern man ihn nicht als solche akzeptiert.*

Es wäre völlig natürlich und logisch gewesen, hätte MILO C. JONES sein Leiden als K.-o.-Schlag empfunden, von dem er sich nie mehr erholen würde. Man hätte ihm deswegen keinen Vorwurf machen können. Doch er reagierte auf die Behinderung in einer positiven Weise: er fand seinen Vorteil im Vertrauen auf seine Geisteskraft. Seine *Reaktion* war der wichtige Teil der Leidenserfahrung, denn sie trug ihm Reichtum ein, an den er in seinen kühnsten Träumen nicht gedacht hatte.

Die meisten sogenannten Fehlschläge sind nur vorübergehende Niederlagen. Sie können in unendlich wertvolle Aktivposten verwandelt werden, wenn wir eine positive geistige Haltung zu ihnen einnehmen.

Das Leben fordert uns von unserer Geburt bis zu unserem Tod ständig heraus, Fehlschläge zu überwinden, ohne zu Boden zu gehen. Und es belohnt jene, die diese Herausforderung siegreich bestehen, mit einer Fülle von Reichtümern und persönlichen Kräften.

Die Welt verzeiht uns Menschen großzügig alle Fehler und vorübergehenden Niederlagen, vorausgesetzt, wir fassen sie immer nur als etwas Vorübergehendes auf und bemühen uns weiter.

Keine Vergebung findet jedoch die Fehlleistung aufzugeben, wenn es schwierig wird.

Das Motto des Lebens lautet: *»Ein Sieger gibt nie auf, und ein Aufgeber siegt nie!«*

Japans Niederlage im Zweiten Weltkrieg sollte sich als der größte Sieg des Landes erweisen. Sie zerbrach das schlimme Joch des Aberglaubens, mit dem das japanische Volk gefesselt war, und brachte ihm den ersten Vorgeschmack von Demokratie sowie die Chance, als gleichwertiger Partner seinen Platz in der Familie der Völker einzunehmen.

HENRY J. KAISER hätte nie und nimmer seetüchtige Schiffe gebaut, wären nicht im Zweiten Weltkrieg weit mehr Frachter gebraucht worden, als die vorhandenen Werften liefern konnten. Er machte sich voll Zuversicht und Begeisterung ans Werk und steckte mit seinen in Schnellbauweise gebauten »Liberty-Schiffen« einige der älteren und erfahreneren Männer aus der Branche in die Tasche, denn bei ihm herrschte stets ein Produktions-Hoch und ein Kosten-Tief!

Ein Mensch, der sagt: »Das ist nicht zu machen«, endet gewöhnlich zu Füßen des Menschen, der es macht. *Dieser hat Erfolg, weil er sich den naturgesetzlichen Spielregeln angepaßt und sich dadurch gegen Fehlschläge versichert hat.* Ein Mensch, der sagt: »Das ist nicht zu machen«, hat die Naturgesetze nicht studiert oder nicht beherzigt.

Ein alter Digger verbrachte dreißig Jahre seines Lebens mit der Suche nach Edelmetall, ohne fündig zu werden. Seine Enttäuschung und Verzweiflung erreichten ihren Höhepunkt, als zu allem hin auch noch sein treues Maultier sich in einem Rattenloch das Bein brach und er es erschießen mußte. Als der Digger eine Grube aushob, um das Maultier zu begraben, stieß er auf die reichsten Kupfervorkommen der Welt!

Das Schicksal belohnt die Beharrlichkeit und den Willen des Menschen, trotz einer Niederlage weiterzumachen, oft in sehr drastischer Weise. In unserer Welt des Alltags müssen wir uns ständig daran erinnern, daß es einzig jene Beschränkungen gibt, die wir selbst uns im Geiste schaffen oder von anderen für uns schaffen lassen.

Denken Sie künftig immer daran, daß eine Erfahrung nicht als Fehlschlag eingestuft werden kann, wenn Sie sie nicht als Fehlschlag betrachten und akzeptieren! Denken Sie außerdem daran, daß einzig jener Mensch, der die Erfahrung macht, das Recht hat, sie als Fehlschlag oder etwas anderes zu bezeichnen – daß Urteile anderer Menschen über diese Erfahrung unzulässig sind.

Die vierundfünfzig Hauptursachen von Fehlschlägen sind:

1. die Gewohnheit, sich von den Umständen treiben zu lassen, ohne feste Pläne oder Ziele,
2. eine schlechte körperliche Veranlagung (seit der Geburt),
3. zudringliche Neugier im Hinblick auf die Angelegenheiten anderer Menschen und Hang zur Einmischung,
4. das Fehlen eines großen Lebensziels,
5. unzulängliche Schulbildung,
6. Mangel an Selbstdisziplin, der sich gewöhnlich in übermäßigem Essen, Trinken und Sex äußert, sowie Gleichgültigkeit gegenüber Chancen zur persönlichen Weiterentwicklung,
7. Mangel an Ehrgeiz, über die Mittelmäßigkeit hinauszuwachsen,
8. Krankheit, gewöhnlich ausgelöst durch falsches Denken, falsche Ernährung und zuwenig körperliche Betätigung (vergessen Sie jedoch nicht, daß sich einige Menschen trotz unheilbarer Leiden anderen überaus nützlich machten; ein Beispiel dafür gab HELEN KELLER),
9. ungünstige Umwelteinflüsse in der Kindheit; nach dem Stand der gegenwärtigen Forschung haben sich die grundlegenden Charaktereigenschaften beim Kind nahezu fertig entwickelt, wenn es sieben Jahre alt ist,
10. mangelnde Ausdauer, wenn es gilt, etwas Angefangenes fertigzumachen,

11. eine negative Geisteshaltung als feste Gewohnheit,
12. mangelnde Kontrolle über die Herzensgefühle,
13. das Verlangen, etwas umsonst zu bekommen; es äußert sich gewöhnlich als Spielleidenschaft,
14. das Versäumnis, Entscheidungen prompt zu fällen und dann zu ihnen zu stehen,
15. eine oder mehrere der sieben grundlegenden Ängste,
16. falsche Partnerwahl bei der Eheschließung,
17. übermäßige Vorsicht in geschäftlichen und beruflichen Beziehungen,
18. das Fehlen jeglicher Vorsicht,
19. falsche Partnerwahl bei geschäftlichen oder beruflichen Unternehmungen,
20. falsche Berufswahl oder das Versäumnis, überhaupt eine Wahl zu treffen,
21. mangelnde Konzentration der Bemühungen auf die Aufgabe, die zu gegebener Zeit gerade erfüllt werden muß,
22. die Gewohnheit, wahllos Geld auszugeben, ohne Kontrolle über Einnahmen und Ausgaben,
23. das Versäumnis, einen Haushaltsplan aufzustellen und die Zeit bestmöglich zu nutzen,
24. das Fehlen *kontrollierter* Begeisterung,
25. Intoleranz als Folge eines beschränkten Geistes, den vor allem Unwissenheit oder Vorurteile bezüglich religiöser, rassischer, politischer und wirtschaftlicher Themen einengen,
26. das Versäumnis, mit anderen im Geist der Harmonie zusammenzuarbeiten,
27. Macht oder Reichtum, sofern sie nicht auf eigenen Verdiensten basieren oder nicht selbst erworben wurden,
28. mangelnde Treue gegenüber jenen, denen Treue gebührt,
29. zügelloser Egoismus und unbeherrschte Eitelkeit,
30. die Gewohnheit, sich ohne Kenntnis der nötigen Fakten Meinungen zu bilden und Pläne zu schmieden,
31. das Fehlen genügender Weitsicht und Vorstellungskraft, um günstige Gelegenheiten zu erkennen,

32. die mangelnde Bereitschaft, einen Kilometer weit zu gehen, um irgendeinen Dienst zu leisten,

33. das Verlangen nach Rache für wirkliche oder eingebildete Kränkungen durch andere,

34. die Gewohnheit, eine vulgäre oder gemeine Sprache zu gebrauchen,

35. die Gewohnheit, in negativer Art über die Angelegenheiten anderer Leute zu klatschen,

36. unloyale Haltung gegenüber den verfassungsmäßig bestellten Repräsentanten seines demokratischen Landes,

37. fehlender Glaube an die Existenz der unendlichen Weisheit,

38. Unkenntnis der richtigen, positive Ergebnisse erbringenden Art zu beten,

39. das Versäumnis, sich den Rat anderer Menschen zunutze zu machen, deren Erfahrung man braucht,

40. Nachlässigkeit bei der Bezahlung persönlicher Schulden,

41. die Gewohnheit, zu lügen oder die Wahrheit unzulässig zu verdrehen,

42. die Gewohnheit, unaufgefordert Kritik zu üben,

43. übermäßig lang dauernde Verschuldung,

44. Gier nach materiellen Besitztümern, die man nicht braucht,

45. Mangel an ausreichendem Selbstvertrauen bei der Verwirklichung seiner Wünsche und Anliegen,

46. Alkoholismus oder Drogensucht,

47. übermäßiges Rauchen, besonders gewohnheitsmäßiges Kettenrauchen von Zigaretten,

48. die Gewohnheit, als Laie in Vertrags- und anderen juristischen Angelegenheiten sein eigener Rechtsanwalt sein zu wollen,

49. die Gewohnheit, Schuldscheine anderer Personen zu akzeptieren, obwohl das Risiko zu groß ist,

50. die Gewohnheit des Hinauszögerns, das heißt das Verschieben von Dingen, die schon vorgestern hätten erledigt werden sollen, auf morgen,

51. die Gewohnheit, vor unangenehmen Situationen davonzulaufen, statt sie zu meistern,

52. die Gewohnheit, zuviel zu reden und zuwenig zuzuhören, denn man lernt und erfährt nichts, wenn man selbst redet, doch man lernt immer, wenn man anderen zuhört,

53. die Gewohnheit, sich Gefälligkeiten erweisen zu lassen, ohne Gegenleistungen zu erbringen,

54. vorsätzliche Unehrlichkeit in privaten, geschäftlichen und beruflichen Beziehungen.

Ich habe bei der Aufzählung dieser vierundfünfzig Ursachen von Fehlschlägen bewußt darauf verzichtet, eine inhaltliche Ordnung vorzunehmen oder eine Rangfolge nach Wichtigkeit der einzelnen Ursachen vorzuschlagen. Inhaltlich abwechselnd aufgezählt kommt diesen mehr Gewicht oder zumindest mehr Aufmerksamkeit zu. *Prüfen Sie nun, inwiefern Sie Ihr Verhalten ändern sollten.* Beschönigen Sie nichts – das wäre Selbstbetrug. Sollte Ihre ehrliche Selbstprüfung ergeben, daß Sie jede – oder doch fast alle – dieser Ursachen als für Sie unzutreffend abhaken können, besteht wenig Wahrscheinlichkeit, daß Sie je von Fehlschlägen übermannt werden. Dann brauchen Sie sich auch vor nichts zu fürchten, denn Sie haben alles unter Kontrolle.

Interessant und nützlich könnte es jedoch sein, wenn nach Ihrer Selbstbeurteilung jemand anderer Sie im Hinblick auf die obigen Ursachen von Fehlschlägen beurteilt. Es sollte ein Mensch sein, der Sie gut kennt und den Mut hat, Sie durch seine Augen einen Blick auf Ihre Persönlichkeit werfen zu lassen.

9

Trauer, der Weg zur Seele

Siebtes Wunder des Lebens

Trauer, Leid und *Kummer* sind uns nicht erwünscht, trotzdem zählen sie zu den wirksamen Einrichtungen der Natur, mit denen sie uns dazu bringt, daß wir bescheiden und in zwischenmenschlichen Beziehungen mitfühlend und tolerant werden.

Gerät ein Mensch, der tiefes Leid kennengelernt hat, einmal in Versuchung, andere zu kritisieren oder zu verurteilen, weil er ihre Meinung nicht teilt oder sich von ihnen verletzt fühlt, kehrt er gewöhnlich das in solchen Situationen übliche Vorgehen um und kritisiert oder verurteilt nicht, sondern sagt: »Gott erbarme sich unser aller!« Begegnen wir jemandem, der so reagiert, dann spüren wir intuitiv, daß wir einen Menschen von erhabener Größe vor uns haben!

Trauer, Leid und Kummer sind Medizin für die Seele. Ohne sie würden viele Menschen ihre Seele überhaupt nicht erkennen. Ohne ihren unformenden Einfluß stünden wir heute noch auf der Entwicklungsstufe der Tiere. Leiderfahrungen lassen die Barrieren einstürzen, die zwischen dem physischen Menschen und seinen spirituellen Möglichkeiten stehen.

Trauer, Leid und Kummer zerbrechen alte Gewohnheiten und ersetzen sie durch neue, bessere. Diese Tatsache weist darauf hin, daß es sich dabei um kluge Einrichtungen der Natur handelt, mit denen sie uns davor bewahrt, uns in den Fesseln der Selbstgefälligkeit und Selbstzufriedenheit zu verstricken.

Durch den größten Kummer meines Lebens entdeckte ich den

Weg zu meiner Seele. Er führte mich in eine Freiheit, die ich ohne diese Erfahrung nie kennengelernt hätte, die mich dafür rüstete, dieses Buch zu schreiben.

Trauer ist eng verwandt mit Liebe, dem schönsten und größten aller Gefühle. In Katastrophenzeiten vereinen Trauer und Leid uns Menschen im Geist der Freundschaft und zeigen uns, wie segensreich es ist, der Hüter seines Bruders zu sein.

Trauer lindert die Armut und verschönt alle inneren und äußeren Reichtümer! Es gibt so viele und so vielfältige Reichtümer, die einzig durch die Trauer offenbart werden, daß ich sie hier unmöglich aufzählen kann.

Die Fähigkeit des Menschen zu trauern, tief im eigenen Inneren, zeigt seine spirituellen Qualitäten auf. Schurken kennen das Gefühl der Trauer nicht, denn würden sie es kennen, wären sie keine Schurken.

Trauer zwingt uns zu einer introspektiven Inventur unserer selbst, bei der wir das Heilmittel für alle unsere Leiden und Enttäuschungen finden können. Sie macht uns auch mit den Wohltaten der Meditation und des Stillschweigens bekannt, in denen unsichtbare Kräfte die Hilfe oder Tröstung bringen können, deren wir in einer bestimmten Zeit oder Situation bedürfen.

Ein Mensch, der sich selbst findet und die ihm zu Gebote stehenden ungeheuren Kräfte entdeckt, verdankt diese Offenbarung gewöhnlich dem Verlust eines geliebten Angehörigen, einem beruflichen Fehlschlag oder einem körperlichen Leiden – schlimmen Erfahrungen, die sich seinem Einfluß entziehen.

Bestimmte Vervollkommnungen von Körper und Geist, die unbedingt notwendig sind, scheint die Natur durch Trauer und Leid zu bewerkstelligen, beispielsweise in Form der Ausmerzung von Egoismus, Arroganz, Eitelkeit und Eigenliebe.

Trauer und Leid sind, genau wie Fehlschläge, ein Segen oder ein Fluch, je nachdem, wie wir darauf reagieren. Akzeptieren wir sie ohne Groll als erzieherische Prüfung, werden sie gewöhnlich zu einem großen Segen. Lehnen wir uns empört gegen sie auf und sehen keinen Nutzen darin, werden sie mit ziemlicher Sicherheit zu einem Fluch für uns. Die Entscheidung, ob sie das eine oder das andere werden, liegt ausschließlich an der geistigen Einstellung des Betroffenen.

Manchmal wird Trauer zur Selbstbemitleidung; dann bewirkt sie nichts als eine Schwächung des Menschen, der sich ihr hingibt. Segensreich wirkt sie nur, wenn wir sie als Mitgefühl für andere empfinden oder als Erziehungsmaßnahme akzeptieren.

Nie haben wir einen engeren Kontakt mit der unendlichen Weisheit als in Zeiten tiefer Trauer. In solchen Zeiten sind Gebete am wirksamsten und erbringen oft sofort positive Ergebnisse.

Die Trauer hat der Welt Genies geschenkt, die ohne ihre tiefen, seelenauslotenden Wirkungen unerkannt geblieben wären.

Die Trauer ABRAHAM LINCOLNS über den Verlust der einzigen Frau, die er wirklich geliebt hatte, ANN RUTLEDGE, offenbarte der Welt seine große Seele und gab den Vereinigten Staaten von Amerika in Zeiten ärgster Not ihren bedeutendsten Führer.

Enttäuschung über unerwiderte Liebe bringt uns oft an einen Wendepunkt im Leben, an dem die Trauer erscheint und als Führungskraft zu großen Erfolgen dient oder zum Hindernis wird, das die völlige Vernichtung bewirkt. Ob das eine oder das andere eintritt, hängt allein von unserer Einstellung zu ihr ab. Auch hier liegt die Entscheidung völlig bei uns selbst.

Nicht einmal der Schöpfer setzt je das Privileg der geistigen Selbstbestimmung des Menschen außer Kraft, die ihm erlaubt, seine Aufmerksamkeit auf die von ihm erwählten Ziele hinzulenken. *Keine andere Macht vermag dieses Privileg aufzuheben, es sei denn, wir stimmen dem zu.*

Trauer kann eine starke Kraft des Guten werden, wenn wir sie in irgendeine konstruktive Tat oder eine persönliche Änderung zum Besseren umsetzen. Trauer kann bekanntlich von der Krankheit Alkoholismus heilen, wenn alles andere versagt hat. Und sie ist ein anerkanntes Heilmittel für die meisten »Sünden« des Menschen. Ein Weiser hat treffend gesagt: »Wenn die Trauer scheitert, kommt der Teufel.«

In Zeiten der Trauer werfen wir Menschen alle Masken ab und

zeigen uns, wie wir sind; Trauer ist für die Bescheidenen wie die Stolzen der Anlaß offenen Bekenntnisses. Ohne die Fähigkeit zu trauern käme der Mensch einem reißenden Tier gleich, nur bleibt er wegen seiner überlegenen Intelligenz unendlich gefährlicher. Wenn göttliche Schöpferkraft uns Menschen mit Intelligenz ausstattete und diese uns mit der Fähigkeit zu trauern verfeinert darbot, so geschah dies wohl in der Absicht sicherzustellen, daß der Mensch als intelligentes Wesen trotz der ihm eingeräumten Überlegenheit über andere kreatürliche Wesen maßvoll bleibe. Sadisten und Kapitalverbrecher können Menschen von hoher Intelligenz sein; ihnen fehlt jedoch die Fähigkeit zu trauern.

Wenn Sie je das Gefühl haben, Ihre Trauer übersteige das Maß des Erträglichen, sollten Sie daran denken, daß Sie an einer Kreuzung stehen und die Wahl zwischen verschiedenen Richtungen haben, daß aber nur eine davon zu einem Seelenfrieden führt, den Sie nirgends sonst und durch keine andere Erfahrung fänden. Denken Sie auch daran, daß ein Mensch, der nie Trauer spürt, nicht wirklich lebt, denn Trauer ist der Hauptschlüssel für den Zugang zur eigenen Seele – die Tür zur Quelle der unendlichen Weisheit. Trauer ist für große Seelen Stärkung und Erbauung, für in ihrer Richtungslosigkeit verängstigte Seelen dagegen ein Knüppel, der sie niederschlägt.

Ich habe mein Examen an der »Universität der Trauer« im Alter von fünfzig Jahren gemacht. Von meiner Geburt bis zu meinem fünfzigsten Lebensjahr hatte ich so ziemlich alle Arten von Trauer kennengelernt, die es gibt, und irgendwie war es mir gelungen, sie zu überwinden. Ich hatte also alle meine Ströme der Trauer überquert – bis auf einen, der sich als der letzte und größte erweisen sollte. Er überschwemmte mein Inneres mit einer neuen Art Trauer, der gegenüber ich unvorbereitet und wehrlos war. Der Auslöser war das tiefste und gleichzeitig gefährlichste aller Gefühle: die Liebe.

Ich hatte den Garten der Liebe auf einem Weg betreten, der in ein Labyrinth führte, aus dem ich eine ganze Weile nicht herausfand. In den Jahren davor hatte ich Hunderte meiner Schüler eben

diesen Fehler machen sehen und sie immer wieder der Schwächlichkeit geziehen. Jetzt war mir das gleiche passiert.
Auch ich lernte schließlich die Trauer kennen, die ein Mensch
angesichts unerwiderter Liebe verspürt. Solche Trauer mag als
eine Art Sicherheitsventil zum Schutz jener Menschen dienen, die
es versäumen, sich von der Vernunft leiten zu lassen. Und ich
wußte, daß ich einen Weg finden mußte, diese Trauer in aufbauendes Handeln, in eine konstruktive Tat umzusetzen. Wie bei allen früheren unangenehmen Erfahrungen begann ich die Umsetzung damit, daß ich mir eine Arbeit vornahm, die mich so ausfüllte, daß keine Zeit für meinen Kummer mehr blieb.
Irgendeine seltsame Fügung des Schicksals führte mich nach
Südkarolina, in die Kleinstadt Clinton. Dort ließ ich mich nieder,
um meine Trauer zu überwinden und mein Werk *Denke nach und
werde reich* über die Wissenschaft des Erfolgs umzuschreiben –
eine Aufgabe, die mich mehr als ein Jahr beschäftigen sollte. In
dem Appartement, das ich allein bewohnte, hing ein Ölgemälde,
die Darstellung eines prächtigen Waldes und eines mitten hindurch fließenden breiten Flusses, der hinter einer scharfen Biegung verschwand.
Abend für Abend saß ich vor dem Bild, betrachtete es und wartete darauf, daß das Schiff der Hoffnung um die Flußbiegung
käme. Das Schiff kam nicht. Die Tage wurden zu Wochen, die
Wochen zu Monaten, und ich blieb allein. In meinem bisherigen
Leben war es mir stets gelungen, mich unangenehmen Erfahrungen zu entziehen. Jetzt aber schien ich unentrinnbar in mir selbst
gefangen zu sein, und die Langeweile wurde immer unerträglicher.
Dank dieser Erfahrung lernte ich eine der größten Lektionen
meines Lebens, nämlich die, daß der Mann ohne die Gesellschaft
der Frau seiner Wahl nicht vollständig ist. Auf andere Art hätte
ich die Lektion nicht lernen können.
Nachdem ich ein Jahr allein gelebt hatte, zog ich mich eines
Abends für eine Verabredung zum Essen um. In meiner Wohnung
brannte nur schwaches Licht. Plötzlich fiel mein Blick zufällig auf

das Gemälde an der Wand, und durch irgendein eigenartiges Phänomen, das vielleicht von der matten Beleuchtung ausgelöst
wurde, sah ich ein Schiff um die Biegung kommen. »Mein Schiff
der Hoffnung, endlich!« rief ich.

Als ich dann mit meinem Gast beim Abendessen saß, hatte ich
eine weitere Offenbarung, und sie enthüllte mir, warum ich in die
Kleinstadt Clinton geführt worden war: Mir gegenüber saß meine
künftige Frau – die Frau, nach der ich überall gesucht hatte, ohne
zu ahnen, daß sie ganz in meiner Nähe wohnte.

Im Sinne des allgemeingültigen Gesetzes des Ausgleichs erwuchs meinem größten Kummer mein größtes Glück. Es führte
mir eine Frau zu, die auf vollkommene Weise dafür geeignet war,
Arm in Arm mit mir durch den Nachmittag des Lebens zu gehen.
Zusammen mit ihr arbeitete ich daran, meiner Berufslaufbahn
»den letzten Schliff« zu geben, zur Vollendung einer praktikablen
Methode, durch die Kummer und Trauer in eine Philosophie umgewandelt wurden, aus der Millionen Menschen Nutzen zogen
und ziehen werden.

Mein »Zahltag« wäre jedoch nie gekommen, die Wissenschaft
des Erfolgs niemals von mir ausgearbeitet worden, hätte ich nicht
die segensreiche Kunst gelernt, unerfreuliche Umstände tatkräftig
in erfreuliche umzuwandeln.

Denken Sie an das Wort »umwandeln«, wenn Sie wieder einmal
auf dem Zahnarztstuhl sitzen; beschäftigen Sie sich geistig derma
ßen mit konstruktiven Gedanken, daß Sie keine Zeit haben,
Schmerzen zu spüren. Gehen Sie nach dem gleichen Plan vor, wenn
Trauer Sie überwältigt; konzentrieren Sie Ihre Gedanken darauf,
ein Ziel zu erreichen, das Sie bisher noch nicht erreicht haben, und
denken Sie beharrlich über Wege zur Erreichung dieses Ziels nach,
so daß keine Zeit für Selbstmitleid bleibt. Wenn Sie das tun, werden
Sie etwas sehr Nützliches entdecken, von dessen Vorhandensein Sie
nichts wußten – etwas, das mehr wert ist als ein Königreich. *Sie werden entdecken, daß Sie Herr über sich selbst sind!*

Ich kenne die Auswirkungen der Trauer, denn ich wurde in ein
wahres Trauermeer hineingeboren. Das Haus, in dem ich zur

Welt kam, war eine Blockhütte mit nur einem einzigen Raum; sie stand in den Bergen im Südwesten Virginias. Der ganze Besitz meiner Eltern bestand zur Zeit meiner Geburt aus einem Pferd, einer Kuh, einem Bett und einem Herd, in dem meine Mutter Maisbrot buk.

Theoretisch hatte ich nicht die geringste Chance, je ein freier Mensch zu werden oder je meinen Mitmenschen von Nutzen sein zu können. Meine Eltern waren arm und ungebildet. Auch unsere Nachbarn waren arm und ungebildet. Das einzig Wertvolle, das ich bei der Geburt mitbekommen hatte, war ein gesunder, vitaler Körper.

Nach dieser kurzen Beschreibung meines Herkommens fragen Sie sich vielleicht, warum gerade ich auserwählt wurde, der Welt die erste praktische Philosophie persönlichen Erfolgs zu schenken. Das fragte ich mich unzählige Male selbst! Aber, wie ein Philosoph sagte: »Gott geht seltsame Wege, wenn er seine Wunder wirkt.«

Aus den Kümmernissen und der Trauer meiner Kindheit erwuchs der leidenschaftliche Wunsch, die Kümmernisse und Trauer anderer zu lindern. Dieser Wunsch war so stark und so fest in mir verwurzelt, daß er mich befähigte, mehr als zwanzig Jahre unergiebiger Forschungen nach den Ursachen von Erfolg und Scheitern durchzustehen. Vielleicht wurden die Kümmernisse und die Trauer meiner Kindheit über mich verhängt, um in mir das Verlangen zu wecken, der Welt nützliche Dienste zu leisten.

Wenn ich sage »unergiebige Forschungen«, meine ich natürlich den Aspekt der finanziellen Unergiebigkeit. Was den eigentlichen Ertrag dieser Forschungen angeht, bin ich der festen Überzeugung, daß wohl kaum ein Autor soviel Hilfe fand oder unter so günstigen Bedingungen an einem literarischen Werk arbeiten konnte wie ich in jenen zwei Jahrzehnten, in denen mein Buch *Denke nach und werde reich* entstand. Letztendlich halfen mir diese »unergiebigen« Jahre, das Leben zahlloser Menschen positiv zu beeinflussen; mir selbst trugen sie mehr als meinen Anteil an den zwölf großen Reichtümern ein, *die alles enthalten, was es in dieser Welt an persönlichem Erfolg gibt.*

Könnte ich mein Leben noch einmal leben, würde ich dann die
Kümmernisse und die Trauer meiner Kindheit meiden? Nein, bestimmt nicht, denn gerade jene Erfahrungen stählten meinen Körper und meinen Geist und rüsteten meine Seele für ein Lebenswerk, das anderen nützt, die mühsam ihren Weg durch den finste-
ren Dschungel des Lebens suchen.

Wenn Sie die volle Bedeutung des Gedankens erfassen, den ich
hier zu vermitteln versuche, werden Sie verstehen, warum ich gesagt habe, dieses Buch sei etwas viel Großartigeres als nur ein Leit-
faden zur Beherrschung der Angst vor einer Zahnbehandlung
oder Operation. *Es wird Ihnen eine Kraftquelle erschließen, mit deren Hilfe Sie alle unangenehmen Umstände in nützliche Dienste umwandeln können.* Diese Kraftquelle wirkt durch jenes »andere
Ich«, das wir beim Blick in den Spiegel nicht sehen.

Haben Sie erst einmal gelernt, Trauer richtig zu beurteilen,
werden Sie deren Nutzen sofort erkennen, wenn er sich einstellt.
Und Sie werden die Trauer als eine jener wichtigen Einrichtungen
der Natur auffassen, *mit denen sie uns Menschen von unserer ani-
malischen Vergangenheit loslöst.* Die Tiere, die auf einer niedrigeren Entwicklungsstufe stehen als der Mensch, empfinden nicht die
Wohltat der Trauer, ausgenommen vielleicht der Hund, dessen
lange Partnerschaft mit dem Menschen ihn geprägt hat.

Besitzen Sie große Trauerfähigkeit, dann haben Sie auch die
Anlage zur Genialität, vorausgesetzt, Sie betrachten die Trauer als
willkommenes Erziehungsmittel und nicht als willkommenen Anlaß zur Selbstbemitleidung.

Auf unserer weiteren Reise durch das Tal der großen Wunder
werden Sie feststellen, daß jedes Wunder mit spirituellen Möglichkeiten ausgeschmückt ist, die großen Wert für denjenigen haben,
der sie richtig zu deuten weiß. Außerdem werden Sie feststellen,
*daß Seelenfrieden nur für denjenigen erlangbar ist, der die Naturge-
setze richtig auslegt und die richtige Einstellung zu ihnen entwickelt.*
Wenn Ihnen das nicht klar wird, erkennen Sie auch das Hauptziel
nicht, das der Anlaß für die Entstehung dieses Buches war!

Die Trauer ist der große Universalfaktor, der hilft, in einer Gemeinschaft oder Familie die Beziehungen und Verhältnisse neu zu ordnen, wenn das Unglück zuschlägt. Ich habe erlebt, daß die Trauer Ehepartner versöhnte, die keinem anderen Einfluß zugänglich waren, und ich habe erlebt, daß die Trauer erbitterte Streitigkeiten beilegte, die seit Generationen tobten.

Die Emotion Trauer läutert – genau wie die Emotion Liebe – die Seele des Menschen, der sie erlebt. Sie verleiht ihm den Mut und den Glauben, den er braucht, um die Prüfungen und Widrigkeiten des Lebenskampfes in unserer Welt der Verwirrung und des Chaos durchzustehen, *immer vorausgesetzt natürlich, daß er sie als Segen und nicht als Fluch auffaßt.* Die aufbegehrende Ablehnung der Trauer ruft Magengeschwüre und Bluthochdruck hervor und löst bei den Mitmenschen Unfreundlichkeit aus.

Jede Bekümmernis trägt den Keim für einen Vorteil oder Gewinn in sich! Suchen Sie diesen »Keim«, bringen Sie ihn zum Sprießen und ernten Sie die Wohltat der Freude. Wenn Ihnen dies gelingt, werden Sie sich nicht mehr durch belanglose Dinge wie eine Zahnbehandlung oder Operation, und sei es ein großer Eingriff, beunruhigen lassen. Statt sich selbst zu bemitleiden, wenn Trauer Sie befällt, werden Sie Umschau halten, bis Sie jemanden finden, der noch größeren Kummer hat als Sie, und diesem Menschen dann helfen, damit fertigzuwerden. Und dann sehen Sie: *Ihre eigene Trauer hat sich in Medizin für Ihren Körper und Ihre Seele verwandelt* – eine Medizin, mit der Sie auch viele Wunden heilen können, die Ihnen andersartige unangenehme Erfahrungen geschlagen haben.

10

Die Zweckbestimmtheit der Natur

Achtes Wunder des Lebens

Die universelle Gültigkeit der Naturgesetze ist ein Wunder, das die Pläne und Ziele der Natur für immer schützt und das sicherstellt, daß der Gesamtplan des Universums ohne Eingreifmöglichkeit des Menschen ausgeführt wird.

Das Gesetz der kosmischen Universalität steht über allen anderen Naturgesetzen und legt das Grundverhalten sämtlicher Lebewesen niedrigerer Ordnung als jener des Menschen fest. Außerdem bestimmt es das gesetzmäßige Verhalten von Energie und Materie wie auch die Umlaufbahnen der Sterne und Planeten.

Einzig wir Menschen wurden mit dem Privileg und den Mitteln ausgestattet, unser Verhalten und unsere Gewohnheiten selbst zu bestimmen, seien es gute oder schlechte. Die Gewohnheiten sämtlicher niedrigerer Lebewesen werden durch das fixiert, was wir »Instinkt« nennen; und das Instinktmuster dieser niedrigeren Lebewesen gibt ein Bild der Beschränkung und stark begrenzter Möglichkeiten.

Uns aber wurde das Privileg, unsere Gewohnheiten selbst zu bilden und sie auch wieder abzulegen, definitiv in die eigenen Hände gegeben; und als Folge davon sind wir – im Gegensatz zu allen niedrigeren Lebensformen – durch keine irgendwie geartete ererbten Einschränkungen gefesselt. Eine große universelle Wahrheit lautet: »Was wir geistig erfassen können und zu glauben vermögen, das können wir auch verwirklichen.« Auf dieser fundamentalen Erkenntnis beruhen die einfachen Erfolgsmethoden, die

ich in meinem zusammen mit W. CLEMENT STONE verfaßten Buch
Erfolg durch positives Denken (deutsche Ausgabe im Ariston Verlag) erarbeitet und anzuwenden empfohlen habe. Das gilt auch für
unsere Gewohnheiten, die wir nach eigener Wahl annehmen. Wir
entscheiden, was wir erreichen wollen, und dies bestimmt unser
Verhalten, unsere Gewohnheiten. Doch wir können, wenn wir
wollen, diese Gewohnheiten auch wieder ablegen, unsere Ziele ändern und dann im Hinblick auf die Verwirklichung eines neuen
Anliegens eine ganze Reihe neuer Gewohnheiten entwickeln.

Diese Macht der Wahl und Kontrolle unserer Gewohnheiten
stattet uns allein unter allen Lebewesen mit dem Privileg aus, *das
Wissen der unendlichen Weisheit, zu dem wir über unser »inneres
Ich« Zugang haben, nach Belieben für die Verwirklichung aller unserer Vorhaben zu nutzen.* Wer Beweise dafür sucht, braucht nur
eine Bestandsaufnahme der im zwanzigsten Jahrhundert voll-
brachten menschlichen Leistungen zu machen, in dem es uns
Menschen gelang, mehr Geheimnisse der Natur aufzudecken als
in der ganzen bisherigen Geschichte unserer Existenz.

Aufgrund aufbauenden Denkens und kreativen Schaffens wurden wir Schritt für Schritt ins Zeitalter der Druckknöpfe raffinier-
tester Technik, unter anderem der Computertechnik, geführt, in
dem wir, bildlich gesprochen, alle unsere Bedürfnisse befriedigen
können, in dem wir still dasitzen, Tasten oder Knöpfe drücken
und dadurch Unglaubliches bewirken.

Dieser evolutionäre Fortschritt des Menschen, dank dessen wir
die meisten Arbeiten, die früher von Hand erledigt werden mußten, von Maschinen ausführen lassen können, ist vielleicht nur ein
Bestandteil des Plans der Natur, uns durch den Prozeß der Elimi-
nierung körperlich-materieller Notwendigkeiten mit unserer *Geisteskraft* bekanntzumachen. Wenn es nicht länger nötig ist, körperliche Kraft einzusetzen, haben wir mehr Zeit, die Kraft unseres
Geistes zu entdecken und zu nutzen; und dabei werden wir feststellen, daß wir tun können, wozu uns Jesus aufgefordert hat,
»noch größere Dinge, als ich getan habe«.

Selbst die Millionen Lichtjahre entfernten Himmelskörper, deren es Milliarden gibt, ja sogar die Milliarden Galaxıen des Weltalls unterliegen den universell gültigen Naturgesetzen, und menschlicher Forschergeist kann die Bewegung der Gestirne, soweit sie heute schon entdeckt sind, vorhersagen (wobei klar ist, daß deren Bewegungen um Millionen Lichtjahre zurückliegen). Die gleichen Naturgesetze steuern die ekliptikale Bewegung der Erde um die Sonne und die Erdrotation um die eigene Achse, bewirken die Jahreszeiten und Tag und Nacht.

Einzig uns Menschen wurde das Vorrecht gegeben, unser irdisches Schicksal selbst zu bestimmen. Wir haben die Möglichkeit, unser Leben angenehm oder unangenehm zu gestalten, erfolgreich oder erfolglos, glücklich oder unglücklich, reich oder arm; und unsere Leistungen sind nie vorhersehbar, weil die Kraft, die uns bei einer richtigen geistigen Einstellung zur Verfügung steht, unbegrenzt ist.

Besäßen wir Menschen nur zwei Privilegien mehr, wären wir beinahe Gott gleich: das Privileg, selbst zu entscheiden, wann und wo wir geboren werden, und das Privileg, unter den Lebenden zu bleiben, solange wir wollen. Über fast alles andere, das den Menschen selbst betrifft, hat er die Kontrolle, doch er wird sich leider nur in geringem Maß der Kräfte bewußt, über die er verfügt, und unternimmt auch nur selten einen Versuch, sie einzusetzen, um sich innerlich wie äußerlich zu entwickeln und zu entfalten, was er leisten könnte.

Die meisten Menschen lassen sich nur auf eine Art Tauziehen mit Kräften ein, die ihnen gegenüber unfreundlich werden, weil sie sie nicht verstehen – Kräfte, die doch die großen Wunder des Lebens ausmachen. Und meist sind sie im Leben ganz zufrieden, wenn sie einen Schlafplatz haben, essen und trinken können, Kleider und einigen Luxus haben.

Nur dann und wann einmal tritt einer hervor, erkennt seine immensen geistig-seelischen Fähigkeiten und Kräfte und nutzt sie. Dann hat die Welt einen Thomas A. Edison gefunden, einen Luther Burbank, einen Alexander Graham Bell oder einen Henry J. Kaiser – Männer, die alle selbstauferlegten Einschränkungen beseitigten, weil sie die große Wahrheit begriffen: »Was wir geistig erfassen können und zu glauben vermögen, das können wir auch verwirklichen.«

Genies? Ja, weil Genie nichts anderes als eine Sache der Selbstentdeckung ist!

»Erkenne dich selbst«, lautet die berühmt gewordenen Inschrift des Apollontempels von Delphi. Erkennen Sie Ihr »anderes Ich«, das keine Einschränkungen gelten läßt, und Sie können Ihr Schicksal frei gestalten und in beglückender seelischer Harmonie leben. Seelenfrieden wird für Sie dann etwas so Natürliches sein wie Essen, wenn Sie Hunger haben.

Unser größter Mangel ist keineswegs, daß wir bestimmte Reichtümer nicht haben, sondern daß wir es *versäumen, das einzusetzen, was wir haben!* In jeder Generation ergreift nur ein Prozent der Lebenden die Fackel ihres zivilisatorischen und kulturellen Auftrags, um sie zum Wohl der nächsten Generation weiterzutragen Zivilisation und Kultur werden von jenen vorangebracht, die ihre geistigen Fähigkeiten entdecken und einsetzen. Das gleiche gilt für durchschnittliche Wirtschaftsunternehmen; dort ist nur ein relativ kleiner Prozentsatz der Beschäftigten für den reibungslosen, erfolgbringenden Betrieb verantwortlich. *Die anderen sind zwar körperlich anwesend, aber nicht seelisch und geistig;* sie entziehen dem Unternehmen oft mehr, als sie zu seinem Gedeihen beitragen.

Die Natur schwankt nicht, sie zögert nicht, sie ändert ihre naturgesetzlichen Pläne nicht. In dieser Hinsicht gibt sie uns ein gutes Beispiel, dem wir unbedingt folgen sollten. Die Erfolgreichen tun es; *die Versager tun es nicht.*

Zu den beeindruckenden Entdeckungen, die ich während der Ausarbeitung der Wissenschaft des Erfolgs bei meinen Kontakten mit erfolgreichen Männern und Frauen machte, gehörte die Feststellung, daß diese Menschen zielstrebig vorwärtsgingen, nie wankten und nie ihr Tempo verlangsamten oder gar aufgaben, wenn sich ihnen Schwierigkeiten in den Weg stellten. Sie hatten Erfolg, weil sie wußten, was sie wollten, weil sie Pläne zur Ver-

wirklichung ihrer Anliegen schmiedeten und dann nach diesen
Plänen arbeiteten, bis sie mit Erfolg belohnt wurden.

Bei der Beobachtung erfolgreicher Menschen, die einen Fehlschlag nach dem anderen erlitten und trotzdem an ihrem Ziel fest-
hielten, mußte ich oft denken, *daß sich die unendliche Weisheit auf
die Seite dessen schlägt, der nicht aufgibt, wenn es Hindernisse zu
überwinden gilt.*

Als ich erfuhr, daß THOMAS A. EDISON über zehntausend Fehlschläge erlitt, bevor er die erste Glühlampe zum Leuchten brachte,
fragte ich mich, wie viele Menschen wohl gewillt oder fähig wären, einen so hohen Preis für den Sieg zu zahlen. Später, nachdem
ich mit Edisons Geist vertraut geworden war, seine Methode der
Problemlösung genau kannte, begriff ich, *daß nichts anderes als die
erzieherische Wirkung der zehntausend Fehlschläge Edison zum größten Erfinder aller Zeiten gemacht hatte.*

Edison muß intuitiv gewußt haben, als er einen Fehlschlag nach
dem anderen erlitt, daß Beharrlichkeit ihm schließlich das Geheimnis enthüllen würde, das er suchte. Zu diesem Schluß gelangte ich wegen meiner Erfahrungen in meiner eigenen Zeit der
Fehlschläge, denn jede Niederlage, die ich bei der Suche nach den
Ursachen von Erfolg und Scheitern erlitt, verstärkte nur meine
Entschlossenheit weiterzumachen, bis mir Erfolg beschieden sein
würde. Die leise Stimme, die von innen zu uns spricht, sagte mir
bei jeder Niederlage immer wieder, ich solle nicht aufgeben.

Bekämen wir nur ein einziges Mal die körperlichen und psychischen Schmerzen zu spüren, die erfolgreiche Menschen in ihrem
Kampf für hochgesteckte Ziele der Menschheit ertragen müssen,
bevor sie einen Sieg erringen, würden wir uns zutiefst schämen
einzugestehen, daß wir vor so vielen belanglosen Dingen Angst
haben.

11

Das gründliche Buchführungssystem der Natur

Neuntes Wunder des Lebens

Die universelle Ausgewogenheit ist eine weitere Gesetzmäßigkeit der Natur, mit der sie das vollkommene Gleichgewicht alles dessen herstellt, was im Universum existiert. Dazu gehören auch Zeit, Raum, Energie, Geist, nicht nur Materie.

Aufgrund der universellen Gültigkeit auch dieses automatisch wirkenden Gesetzes hat die Natur es zwingend so eingerichtet, daß jeder Mensch sowohl die bitteren als auch die süßen Erfahrungen des Lebens zu kosten bekommt. In ihrer Weisheit hat sie jedoch das Gesetz der Ausgewogenheit mit einer »Kompensationsverfügung« versehen, die uns hilft, entsprechend unseren Bedürfnissen und Wünschen ein Gleichgewicht zwischen dem »Bitteren« und dem »Süßen« herzustellen. Diese Kompensationsverfügung war nötig, weil wir Menschen gemäß dem göttlichen Gesamtplan die unangefochtene Kontrolle über unseren Geist haben und das Privileg besitzen, ihn auf »bittere« oder »süße« Ziele hinzulenken.

Infolge dieser Kompensationsverfügung, die Bestandteil des großen Gesetzes universeller Ausgewogenheit ist, enthält jeder Fehlschlag, jede Widrigkeit, Niederlage, Enttäuschung oder menschliche Frustration, die wir erleiden, den Keim für einen Vorteil oder einen Gewinn – wie ich schon wiederholt betonte.

Gemäß dem Sinn dieser Kompensationsverfügung hat jeder von

uns das Recht und die Macht, in allen unerwünschten oder unangenehmen Erfahrungen, gleichgültig ob er sie selbst herbeigeführt hat oder ob sie sich seiner Kontrolle entziehen, diesen »Keim« aufzuspüren, ihn zum Sprießen, zur vollen Blüte und zur Reife zu bringen und dann die Frucht zu ernten. Sie besteht in etwas Wünschenswertem, das ihn für das Unangenehme, dem der »Keim« innewohnte, voll entschädigt.

Hierin finden wir eine Fülle von Beweisen für die unendliche Gerechtigkeit, durch die alle Menschen mit sich selbst und untereinander verbunden sind. Die Natur hat den Gesamtplan des Universums so gestaltet, daß bei jenen, die gelernt haben, ihre Gesetze zu deuten und danach zu leben, jede Ungerechtigkeit ausgeschlossen ist. Die Ungerechtigkeit ist rein vom Menschen geschaffen und existiert nirgends sonst als in seinen Beziehungen zu seinen Mitmenschen. In bezug auf die Naturgesetze des Universums kann es keine Ungerechtigkeit geben, weil diese Gesetzmäßigkeiten dafür sorgen, *daß wir uns automatisch selbst für unsere Fehlleistungen bestrafen und für unsere Tugenden belohnen*, indem wir die Naturgesetze erkennen und uns harmonisch an sie anpassen.

Zweierlei Arten von Umständen beeinflussen grundsätzlich unser Leben:

1. Umstände, die nicht unserer Kontrolle unterliegen; solche Umstände sind beispielsweise der Tod geliebter Menschen, angeborene Leiden, die nicht geheilt werden können, oder die Geburt als Angehöriger einer minderprivilegierten Bevölkerungsschicht.

2. Umstände, bei denen wir das Privileg der Kontrolle besitzen und die Macht haben, dieses Privileg auszuüben; solche Umstände sind beispielsweise Angst, Habgier und Eifersucht, Eitelkeit, Egoismus, Haß, Neid, aber auch Krankheit, Armut, Streitigkeiten mit Verwandten, Nachbarn oder Geschäftskollegen, Feindschaften mit anderen Menschen wegen kontroverser Ansichten über Politik, Religion oder persönlicher Belange; die

Liste ließe sich auf praktisch sämtliche menschlichen Beziehungen ausdehnen; im Grunde jedoch geht es schlicht um alle jene Umstände in unserem Leben, über die uns die Kontrolle gegeben ist, *auch wenn wir sie nur selten ausüben.*

Umstände der ersten Gruppe (die nicht der Kontrolle des Menschen unterliegen) können abgeblockt werden, so daß sie unseren Seelenfrieden nicht stören. Um dies zu bewerkstelligen, müssen wir lediglich das große Vorrecht ausüben, das uns uneingeschränkt eingeräumt ist. Gemäß diesem Vorrecht hat jeder Mensch die Macht, seine *Geisteshaltung* selbst zu bestimmen, sie zu kontrollieren und die Kraft seines Denkens auf jedes gewünschte Ziel hinzulenken, *einschließlich der absoluten Kontrolle seiner Reaktion auf alle Erfahrungen, die er im Leben macht.* Mit anderen Worten, unkontrollierbare Umstände können durch die Steuerung der Reaktion auf sie abgeblockt werden, so daß ihr Einfluß auf unsere Geisteshaltung ausgeschaltet ist und sie praktisch nicht existieren; und wir können uns genau so verhalten, als *würden* sie nicht existieren. Sicher sagen manche, die das lesen, vorwurfsvoll, es sei eine schwere Aufgabe, dies zu erreichen. Ja, das stimmt, aber in einer späteren Etappe unserer Reise durch das Tal der Wunder lernen Sie ein Mittel kennen, das Ihnen diese Aufgabe erleichtert.

Umstände der zweiten Gruppe (die unter der Kontrolle des Menschen stehen) können mit Hilfe eines der wichtigsten und schönsten der großen Wunder beseitigt werden.

Dieses Wunder ist das Gesetz universeller Ausgewogenheit. Es betrifft nicht nur uns Menschen mit all unseren Problemen und Beziehungen zueinander, sondern auch Bäume und Pflanzen. Sehen Sie sich beispielsweise einmal den perfekten Bau und die symmetrische Ausgewogenheit eines Baumes an. Seine Äste sind so angeordnet, daß sie den Baum nach allen Seiten im Gleichgewicht halten; seine Wurzeln haben das richtige Verhältnis zum Stamm wie auch zu den Ästen und sind in der richtigen Tiefe im Boden eingebettet – *eine Konstruktion, die kein Mensch schaffen könnte.*

Die universelle Ausgewogenheit umfaßt auch die gesamte leb-
lose Materie, bis hinab zu den kleinsten Teilchen, den Elektronen
und Protonen des Atoms, die von zwei gleichwertigen Energieein-
heiten – einer negativen und einer positiven Einheit – in perfektem
Gleichgewicht gehalten werden.

Im gesamten Weltall des *uns bekannten Universums,* dessen Erforschung uns bisher gelang, finden wir ein perfektes System der
Ausgewogenheit; Milliarden von Gestirnen bewegen sich, wie gesagt, in diesem unermeßlichen Weltall. Ohne das Gesetz der Ausgewogenheit käme es zu Kollisionen der Sterne und Planeten, so
daß ein ständiges Chaos entstünde; ohne dieses Gesetz würden
auch die Jahreszeiten oder Tag und Nacht ihre Regelmäßigkeit
einbüßen, und ihr Ablauf wäre nicht mehr vorhersehbar.

Für die Ausgewogenheit der Gestirnsbewegungen im Weltall in-
teressieren sich nur wenige von uns. Wir alle jedoch sind sehr an
den Methoden interessiert, die uns aus dem Gesetz der universellen Ausgewogenheit Nutzen zu ziehen ermöglichen und uns befä-
higen, alle Umstände, von denen unser Leben beeinflußt wird, in
einer Weise zu adaptieren, daß sie sich zu unserem Wohle auswir-
ken. Die beste Art, Vorteile aus diesem wunderbaren Gesetz zu
ziehen, ist die, uns unserer geistigen Fähigkeiten zu bedienen und
unsere Kräfte in einer für uns günstigen Weise auf jene Umstände
einzustellen, die wir kontrollieren können, uns andererseits in
nutzbringender Weise all jenen Umständen anzupassen, die unser
Leben beeinflussen, die wir aber nicht kontrollieren können.

Die Erkenntnis des Gesetzes der Ausgewogenheit ermutigt und
ermuntert uns, weil sie uns zeigt, daß dieses Gesetz alles im Universum mit dem feststehenden Muster und Plan der Natur im Einklang hält – alles außer dem Menschen. Er ist das einzige Lebewesen, das die Macht hat, von diesem Gesetz und von allen anderen
Naturgesetzen abzuweichen, sofern er sich dafür entscheidet und
bereit ist, den Preis für sein Abweichen zu bezahlen.

Wenn Sie in sämtlichen menschlichen Unternehmungen nach
dem höchsten Erfolgsgeheimnis suchen, sind Sie jetzt an einem
Punkt angelangt, an dem Sie innehalten sollten, um zu überlegen,

nachzudenken und zu meditieren, von der Hoffnung erfüllt, daß Ihre innere Stimme Sie mit dem Wissen segnen wird, nach dem Sie suchen, das Sie benötigen, um erfolgreich und glücklich zu werden, und das ich Ihnen zu vermitteln versuche.

12

Zeit, das Universalheilmittel der Natur für alle Leiden

Zehntes Wunder des Lebens

Zeit heilt alle menschlichen Leiden, und das wichtigste Agens dieses Heilphänomens ist jene Energie, die jedes Ding im Universum mit allen anderen Dingen verbindet.

Zeit heilt alle Wunden, physische wie psychische, und verwandelt alle *Ursachen in ihre angemessene Wirkung.*

Zeit tauscht stürmische Jugend gegen die Reife des Alters und gegen Weisheit aus.

Zeit verwandelt die Enttäuschungen und Frustrationen unseres täglichen Lebens in Mut, Ausdauer und Verständnis. Ohne diesen hilfreichen Dienst wären die meisten von uns schon in den Tagen ihrer frühen Jugend verloren.

Zeit läßt das Korn auf den Feldern und das Obst an den Bäumen reifen und macht es für uns genießbar, zu unserer Freude und Kräftigung.

Zeit gibt Hitzköpfen die Chance, sich abzukühlen und vernünftig zu werden.

Zeit hilft uns, durch Erfahrung wie auch durch Irrtümer die großen Naturgesetze zu erkennen; sie hilft uns, aus unseren Fehlurteilen und Fehlleistungen Nutzen zu ziehen.

Zeit ist unser kostbarster Besitz, denn wir können uns zu keinem Zeitpunkt und an keinem Ort mehr als einer ihrer zahlloser Sekunden sicher sein.

Zeit gewährt uns die Gnade, die uns gestattet, unsere Verfehlungen zu bereuen und nützliche Lehren daraus zu ziehen.

Zeit begünstigt diejenigen, die die Naturgesetze erkennen und diesen ihre Lebensgewohnheiten anpassen; mit Nachteilen aber werden jene geschlagen, die die Naturgesetze mißachten.

Zeit ist ein wichtiger Faktor im System unserer Welt: sie fixiert die Gewohnheiten der lebenden Geschöpfe und verleiht den leblosen Dingen Dauer. Sie garantiert auch die Gültigkeit des schon erwähnten Kompensationsgesetzes, durch dessen Wirkung jeder Mensch erntet, was er gesät hat.

Zeit bringt die Gültigkeit des Kompensationsgesetzes nicht immer sofort zur Geltung, jeder Ausgleich erfordert Geduld; doch der Ausgleich kommt. Mit dem sechsten Sinn Begabte wissen es intuitiv schon vorher; für sie ist alle Zeit eins.

Zeit sorgt auch für die Gültigkeit des Gesetzes des Wachstums durch Veränderung, das alles, was ist und lebt, in einem Zustand ständigen Wechsels hält und nicht zuläßt, daß irgend etwas auch nur zwei Minuten gleich bleibt. Diese Wahrheit enthält Wohltaten geradezu phantastischen Ausmaßes, denn sie erschließt uns die Möglichkeit, unsere Fehler zu korrigieren, unsere falschen Ängste und schlechten Gewohnheiten auszumerzen und mit zunehmendem Alter Unwissenheit gegen Weisheit und Seelenfrieden einzutauschen.

Blicken Sie auf Ihre Vergangenheit zurück und zählen Sie die Fälle, in denen Ihr gequältes Herz kein Mittel gegen seine Schmerzen fand und nur durch die barmherzige Hand des »Doktors Zeit« Linderung erfuhr!

Falls Sie in einem Geschäft oder beruflichen Unternehmen, das Sie zum Lebenswerk erwählten, einen Fehlschlag erlitten, machten Sie vielleicht die Beobachtung, daß *Zeit* Ihnen mit anderen, wahrscheinlich besseren Chancen zu Hilfe kam; und es freute Sie, daß Sie von Ihrem bisherigen Weg abgebracht und auf eine breitere, aussichtsreichere Straße geführt wurden.

Wenn Sie wieder einmal feststellen, daß Sie auch nur eine Sekunde wertvoller *Zeit*, die Ihnen Chancen vermitteln könnte, vergeuden, sollten Sie den folgenden Beschluß abschreiben, auswendig lernen und sofort mit seiner Verwirklichung beginnen.

Wie Sie Ihre Zeit zum »Doktor Zeit« machen können

1. Die Zeit ist mein größter Aktivposten, und ich werde sie auf die Basis eines Budgetsystems stellen, das garantiert, daß jede nicht dem Schlaf gewidmete Sekunde zur persönlichen Förderung benutzt wird.
2. In Zukunft werde ich jeglichen Verlust meiner Zeit als Nachlässigkeit ansehen, die ich durch bessere Nutzung der gleichen Zeit in der Zukunft wieder gutmachen muß.
3. Aus der Erkenntnis, daß ich ernte, was ich gesät habe, werde ich nur Samen säen, die anderen Menschen sowie mir selbst nützliche Frucht bringen werden.
4. Ich werde meine Zeit künftig so nützen, daß jeder Tag mir inneren Frieden bringt; sollte er ausbleiben, werde ich wissen, daß ich die Samen, die ich säe, überprüfen muß.
5. Weil mir bewußt ist, daß meine Denkgewohnheiten je nach ihrem Inhalt erfreuliche oder unerfreuliche Umstände anziehen, richte ich mein ganzes Denken ständig auf das aus, was ich mir *wünsche,* so daß mir keine Zeit bleibt, mich mit Ängsten, Enttäuschungen, Sorgen und anderen *unerwünschten* Dingen zu befassen.
6. In dem Wissen, daß die meinem Leben zugemessene Zeit von unbestimmter und begrenzter Dauer ist, werde ich mich immer bemühen, meine Zeit so zu nutzen, daß die Menschen in meiner nächsten Umgebung mein Tun und Lassen erfreulich und wünschenswert finden und mein Beispiel sie inspiriert, ihre eigene Zeit ebenfalls bestmöglich zu nutzen.
7. Schließlich hoffe ich, daß ich, wenn die mir zugemessene Zeit abgelaufen ist, ein Bleibendes hinterlasse – kein Denkmal aus Stein, sondern ein Denkmal der Erinnerung in den Herzen meiner Mitmenschen, daß die Welt durch mein Leben und Wirken ein bißchen besser geworden ist.

8. Ich werde diese Vorsätze während der mir verbleibenden Zeit täglich wiederholen und zutiefst glauben, was ich mir einpräge. Ich weiß: *Was ich geistig erfassen kann und zu glauben vermag, das kann ich auch verwirklichen.* Mein Leben wird besser, schöner und erfreulicher sein und die Menschen, auf die ich vielleicht Einfluß habe, dazu inspirieren, ebenfalls ein besseres und erfreulicheres Leben zu führen.

Die Zeiger der Zeit bewegen sich rasch vorwärts! Ein Dichter flehte: »Rückwärts, wende dich rückwärts, o Zeit, auf deinem Fluge!« Aber die Zeit hört darauf nicht.

Es ist später, als du denkst!

Erwachen Sie, lieber Weggefährte, liebe Gefährtin! Raffen Sie sich auf und nutzen Sie Ihre Geisteskraft, solange Sie noch Zeit haben, in der vor Ihnen liegenden Zukunft das zu werden, was Sie in der Vergangenheit gern geworden wären. Machen Sie das Beste aus der Ihnen zugemessenen Zeit.

Es gibt eine einfache Probe, anhand deren Sie beurteilen können, ob Sie Ihre Zeit bestmöglich nutzen oder nicht. Wenn Sie inneren Frieden und ausreichenden materiellen Besitz für Ihre Bedürfnisse erlangt haben, nutzen Sie Ihre Zeit richtig. Wenn Sie diese Segnungen des Lebens nicht erlangt haben, nutzen Sie Ihre Zeit nicht richtig. Dann sollten Sie sofort nach den Gründen suchen. Was haben Sie verfehlt oder versäumt?

Die wirklich großen Menschen kennen keine »Leerlaufzeit«; sie bedienen sich ihrer geistig-seelischen Fähigkeiten, auch ihrer inneren oder »außersinnlichen« Wahrnehmung, des sechsten Sinns, mit dem sie von innen heraus sehen und hören können – über Zeit und Raum hinweg. Kommen ihnen negative Gedanken oder destruktive Gefühle, wandeln sie diese kraft positiven Denkens in ihr Gegenteil um. Entsprechend ist dann ihr Handeln: positiv, also aufbauend und erfreulich für die Mitmenschen.

Das Gesicht unserer Zivilisation wird, kann man sagen, heutzutage einem Lifting unterzogen. Die Verschönerungsprozedur soll die zweifellos in Gang befindliche Aufwertung des Geistig-Seelischen deutlich machen. Doch Selbstvervollkommnung ist immer nur von innen her möglich. Herr »Recht« und Herr »Unrecht« liefern sich einen erbitterten Kampf um die Vorherrschaft. Die Art, in der jeder von uns die ihm zugemessene Zeit nutzt, läßt erkennen, auf wessen Seite er steht – auf der von Herrn Recht oder auf der von Herrn Unrecht.

Irgend etwas hat das Uhrwerk der Zeit so beschleunigt, daß das zwanzigste Jahrhundert dem Menschengeschlecht mehr individuelle Chancen zur Selbstvervollkommnung und Weiterbildung bringen wird als seine ganze bisherige Geschichte. *Sichern Sie sich Ihren persönlichen Anteil an diesen großen Chancen!*

13

Freiheit, das wunderbare Anrecht des Menschen

Elftes Wunder des Lebens

Als Amerikaner weiß ich, daß der *American Way of Life* in der Welt nicht selten ironisch belächelt wird – zu Unrecht. Denn wir verstehen darunter viel mehr als bloß »unseren« Lebensstil. Wir sehen darin die Gesamtheit eines Gesellschafts- und Wirtschaftssystems, das der individuellen Freiheit des einzelnen Menschen beinahe unbegrenzte Möglichkeiten läßt.

Die Freiheit des *American Way of Life* zählt für mich daher zu einem der »Weltwunder«. In den Vereinigten Staaten von Amerika wurde – wie sonst nirgends zuvor – uns Menschen der Boden dafür bereitet, daß wir uns unserer geistigen Fähigkeiten bewußt werden, uns ihrer bedienen und sie auf die Ziele hinlenken können, die wir anstreben. In diesem Land sind heutzutage Lebensbedingungen vorhanden, unter denen sich Eigeninitiative voll entfalten kann.

Der *American Way of Life* war kein Geschenk, das vom Himmel fiel. Die Freiheit wurde unter Blut und Tränen im Ringen der Bürger gegen Bürger erkämpft. Heute wissen wir Amerikaner alle – und mit uns die gesamte demokratische Welt des Westens –, daß für die Freiheit kein Preis zu hoch ist. Freiheit ist das Kriterium der gottgewollten Würde des Menschen.

Es gibt unzählige Beweise dafür, daß aufgrund seiner auf Freiheit begründeten Gesellschafts- und Wirtschaftsordnung Amerika tatsächlich ein Land der unbegrenzten Möglichkeiten ist, in dem jeder einzelne sein Lebensziel wählen und es kraft positiven Denkens und dementsprechenden Handelns erreichen kann.

Wo sonst als in Amerika hätte ein ungebildeter italienischer Einwanderer, wie A. B. GIANNINA einer war, seine Laufbahn mit dem Schieben eines Bananenwagens beginnen und seine Bemühungen mit dem Besitz einer der größten Bankorganisationen der Welt – der Bank of Amerika – krönen können?

Wo sonst als in Amerika hätte ein ungebildeter junger Mechaniker, wie HENRY FORD einer war, die Autoindustrie ins Leben rufen und sie ohne jegliches Startkapital von den bescheidenen Anfängen zu einem weltweiten Imperium ausbauen können, das ihm ein sagenhaftes Vermögen eintrug und Hunderttausenden von Menschen Arbeit und vielerlei Annehmlichkeiten verschaffte, wie sie vor einigen Generationen nur Königen und Potentaten vorbehalten waren?

Wo sonst als in den Vereinigten Staaten von Amerika hat es ein bescheidener Holzarbeiter zum Inhaber des höchsten Amtes, das unser Volk zu vergeben hat, zum demokratisch gewählten Präsidenten des Landes gebracht?

Wo sonst als in den Vereinigten Staaten von Amerika hätte ein ungebildeter Bursche, wie THOMAS A. EDISON einer war, das Erfinden zum Beruf wählen, sich mit einem *Master Mind* – einem »Bund kluger Köpfe« – umgeben und einer der größten Erfinder aller Zeiten werden können?

Diese Fragen richte ich an alle Amerikaner, die das Geschenk des *American Way of Life* genießen dürfen. Meine Landsleute sollten das, was unsere Vorfahren um der Etablierung der Freiheit und Gleichberechtigung aller Bürger ohne Ansehung von Rasse, Religion, Geschlecht und sozialem Stand willen geopfert haben, nicht vergessen und hochschätzen.

Diese Fragen haben ihren Sinn aber auch für alle Menschen der westlichen Welt, insbesondere Europas. Es gibt sicher keinen anderen Erdteil, in dem soviel Blut geflossen ist, wie unter den europäischen Völkern auf ihrem Weg in die Freiheit. Die Tatsache, daß heutzutage in allen europäischen Ländern des Westens die Freiheit des Individuums und des Gesellschafts- und Wirtschaftssystems verfassungsmäßig verankert und garantiert ist, beweist, daß der Weg der Geschichte zur Freiheit des geistbegabten Menschen führen muß, *weil Freiheit das dem Menschen vom Schöpfungsplan eingeräumte einzigartige, wunderbare Anrecht ist.*

Ich erörtere diese Fragen in der Hoffnung, daß Sie, nachdem Sie dieses Buch lesen, sie beantworten, auf Ihre Weise, entsprechend den Segnungen, die Sie der Ihnen geschenkten Freiheit verdanken. Und ich tue es in der Hoffnung, daß Sie – wenn Sie in Ihrem Herzen und Ihrem Verstand nach den Antworten suchen – besser einzuschätzen lernen, welch große Chancen sich *Ihnen persönlich* in jedem Beruf eröffnen, für den Sie sich entscheiden.

Zum Schluß dieses Kapitels wollen wir uns klarmachen, daß uns Heutigen das Erbe der Freiheit nur gehört, solange wir uns seiner bewußt sind, es richtig nutzen und schützen. Wie alle anderen Segnungen, mit denen die Natur den Menschen bedenkt, bleiben unsere Anrechte auf die Privilegien, die der Mensch genießt, uns nur erhalten, solange wir sie uns *verdienen*. Die Natur blickt mit großem Mißfallen auf denjenigen, der etwas *umsonst* erhalten will.

14

Weisheit nimmt dem Tod seinen Stachel

Zwölftes Wunder des Lebens

Das *Rätsel Tod* beschäftigt die Menschen unaufhörlich, doch den meisten von uns fällt es schwer, im Tod etwas anderes zu sehen als eine unvermeidliche Tragödie. Diese beschränkte Sicht des Phänomens läßt sich ausweiten, wenn wir den Gesamtplan des Universums erkennen und bedenken, daß das Universum sich in einem Zustand ständigen Wandels befindet und *ewiger Veränderung* unterliegt.

Der Mensch entsteht ohne sein Wissen, kommt ohne seine Einwilligung auf die Welt, bleibt eine Weile in der großen Schule des Lebens und geht dann ohne seine Zustimmung in eine andere, höhere Realität des Geistes ein. Der Plan des Schöpfers beinhaltet nicht, daß wir ewig auf dieser Erde leben, und es wäre eine Tragödie, wenn der Gesamtplan dies vorsähe.

Könnte man sich etwas Schrecklicheres vorstellen, als ewig auf dieser vom Kampf ums Überleben beherrschten Erde bleiben zu müssen, wo das Leben jedes einzelnen von seiner immerwährenden Wachsamkeit abhängt?

Unser Leben ist zweifellos ein einziger Lernprozeß. Auch im Leben durchlaufen wir den Kindergarten, wechseln dann in die Grundschule des Lebens über, dann in die höhere Schule und absolvieren schließlich, zu Beginn der letzten Etappe, die Universität. Erziehung scheint der Hauptgrund für unser kurzes Gastspiel auf der Erde zu sein.

Gäbe es die Einrichtung Tod nicht, würden doch auch alle

schlechten Menschen, die je auf der Welt ihr Unwesen trieben, heute noch leben und uns »glücklich machen« wollen – allen voran die politischen Möchtegerns und die vor keiner Gewalttätigkeit und Grausamkeit zurückschreckenden Machtbesessenen, die vom Anfang der Geschichte an die Menschheit zu versklaven versuchten.

Der Tod ist nichts als eine Art ausgedehnter Schlaf, in dem wir den müden, verbrauchten Körper abstreifen und einen anderen, feinstofflichen erhalten, der nicht ermüdet und ewigen Bestand hat. Es handelt sich jedenfalls um eine Erfahrung, über die wir nicht bestimmen können. Darum sollten wir sie als solche akzeptieren und uns beim Gedanken an das Sterben nicht auflehnen.

Wenn Sie das Prinzip der Veränderung als universelles Naturgesetz verstehen, wird auch der Tod für Sie verständlich und kann ohne weiteres als Notwendigkeit akzeptiert werden. Im Universum kann nicht gleichzeitig ein Gesetz ewiger Veränderung vorwalten und dem Menschen das Recht auf ewiges Leben eingeräumt sein.

Der einzelne Mensch fürchtet in der Regel den Tod, er hat Angst, ihm gegenüberzutreten; er betrachtet das Lebensende als Tragödie und fürchtet sich, allein – ohne seine liebsten Mitmenschen – ins ungewisse Dunkel zu stürzen. Glücklicherweise aber *muß er sich nicht fürchten,* denn was er in diesem Leben denkt und fühlt, kann er nach dem Gesamtplan des Universums selbst frei entscheiden. Allerdings bleiben seine Wünsche sowie die Mittel zu deren Verwirklichung völlig auf das kurze Zwischenspiel beschränkt, das eben Leben heißt. Ihm wurde für dessen Gestaltung freie Hand gewährt; darum kann und soll er seinen kurzen Aufenthalt auf der Erde so verbringen, wie er will.

Der innerlich reife Mensch – Philosoph oder Lebenskünstler – hat eine eher »philosophische« Einstellung zum Tod und paßt sich ihm im neutralen Geiste des Glaubens an, daß er zum Sterben bereit sein wird, wenn der Tod kommt. Damit ist das Problem für ihn entschärft, und er setzt seine ganzen Energien dafür ein, alle Segnungen zu erlangen, *die er hinsichtlich der Umstände, über die er die Kontrolle hat, erlangen kann.*

Viele Menschen mit dieser Einstellung finden, daß diejenigen, die den Tod fürchten, ihren Schöpfer beleidigen. Dieses Urteil ist vielleicht zu drastisch; jedenfalls aber fehlt es seitens der Überängstlichen an dem Urvertrauen, das wir der Schöpfung gegenüber haben sollten.

Einige der in diesem Buch herausgestellten großen Wunder bilden die Haupthindernisse, die dem inneren Frieden des Menschen im Wege stehen. Die Erörterung dieser Wunder des Lebens soll Ihnen helfen, ihnen gegenüber eine Geisteshaltung einzunehmen, dank der Sie sich von Vorstellungen, die Sie fürchten, freimachen und diese in Zielsetzungen umwandeln, die Ihren Interessen dienen.

Die Anleuchtung der großen Wunder beraubt den »Sorgenvogel« (den die meisten Menschen überflüssigerweise füttern) der Nahrung, die er brauchen würde, um am Leben zu bleiben. Dadurch öffnet sich der Weg zum Seelenfrieden, der wesentlich darauf beruht, daß wir alle Lebensumstände, auf die wir keinen Einfluß nehmen können, so akzeptieren, wie sie sind.

Ich hege die Hoffnung, daß Sie nach der Lektüre dieses Buches bis hierher die erforderliche Aufgeschlossenheit haben, um die im letzten Kapitel behandelten Prinzipien richtig deuten und dann in Ihrem Leben anwenden zu können. Das letzte Kapitel meines Buches ist darauf angelegt, Ihnen zu helfen, sich auf die Wunder des Lebens in einer Weise einzustellen, die Ihnen den größtmöglichen Nutzen bringt.

Wenn sich meine Hoffnung erfüllt, werden Sie einen Seelenfrieden finden, der Ihr ganzes restliches Leben hindurch Bestand haben wird.

Was ich zu all den erörterten Themen gesagt habe, ist unwichtig. *Wichtig sind die Gedanken, zu denen meine Aussagen Sie vielleicht inspirieren!* Denn es könnte sein, daß die Gedanken, zu denen Sie angeregt werden, Ihnen eine neue Lebenseinstellung geben, die Ihr Leben um so angenehmer macht, je weniger die noch vor Ihnen liegenden Jahre werden.

15

Die grenzenlose Geisteskraft

Dreizehntes Wunder des Lebens

Der Geist des Menschen müßte unter den Wundern des Lebens zuerst genannt werden, hätte ich sie in der Reihenfolge beschrieben, die ihrer Bedeutung entspricht. Unter Geist ist Bewußtsein, Verstand, Intelligenz zu verstehen, und er umfaßt (im erweiterten Sinn) auch das ganze Seelenleben des geistbegabten Menschen, die ganze psychische Dynamik wie auch deren objektivierten Niederschlag. Er ist das »Instrument«, durch das wir denken und handeln, und noch viel mehr.

Zweifellos ist der menschliche Geist das geheimnisvollste, ehrfurchtgebietendste Produkt, das die Natur hervorgebracht hat; zugleich ist er das, was am wenigsten verstanden und am öftesten mißbraucht wird.

Der Geist ist die Zitadelle der Seele; nur durch den Geist, im besonderen wohl über die Seele, hat der Mensch Zugang zur kosmischen Gesamtordnung des Seins, zur unendlichen Weisheit. Er ist sozusagen das »Schaltbrett«, durch das wir uns auf das universelle Wissen der unendlichen Weisheit einstimmen können. Das gibt uns die Möglichkeit, diesem höheren Wissen Lösungen für unsere Probleme sowie die Mittel zur Erfüllung unserer Hoffnungen, Träume, Wünsche und Anliegen abzuzapfen.

Das Grandiose aber ist, *daß der geistbegabte Mensch absoluter Herr dieses seines Geistes ist.* Er wurde uns unter allen anderen Lebewesen als ein Privileg vorbehalten. Kraft Geistes *können wir unser Schicksal weitgehend gestalten und beherrschen.*

Alle unsere Erfolge, alle unsere Niederlagen oder Enttäuschungen sind das unmittelbare Resultat der Art, in der wir von unseren geistigen Fähigkeiten Gebrauch machen, *oder des Versäumnisses, vom »Geist von seinem Geiste« Gebrauch zu machen.*

Dem menschlichen Geist möchte ich neun Gaben zuordnen – keineswegs willkürlicherweise, jedoch abseits der vom Streit unterschiedlicher Schulen beeinträchtigten Terminologie. Diese Gaben erinnern an die Ordnung eines gutorganisierten Unternehmens.

1. *Die Gabe des Willens:* Der Wille ist der »Chef« aller anderen »Abteilungen« des Geistes. Im Willen sollten Sie den Ausgangspunkt sehen, an dem wir unser großes Vorrecht der *ausschließlichen Kontrolle über unser Denken* auszuüben beginnen. Der Wille ist die Instanz, deren Ja oder Nein unsere geistigen Fähigkeiten beflügelt oder lahmlegt, ungeachtet der Folgen, die dieses Ja oder Nein für uns haben kann. Die Kraft des Willens wächst oder verkümmert; sie wird, genau wie ein Arm, den wir nicht benützen, schwach, wenn wir uns ihrer nicht bedienen.

2. *Die Gabe der Vernunft:* Die Vernunft ist gleichsam die Instanz des »obersten Schiedsrichters«. Sie fällt ihr Urteil über alle Ideen, Wünsche, Vorhaben und Umstände, auf die wir ihre Aufmerksamkeit lenken. Ihre Urteile können jedoch vom »Chef«, dem Willen, aufgehoben werden, und auch starke Gefühle können sie umstoßen, wenn sich der Wille nicht durchsetzt. Eine der Hauptschwächen unseres Denkens ist die Neigung zuzulassen, daß unser Wille von unseren Gefühlen ausgeschaltet wird. Dieser Fehler kann tragisch sein und ist es oft auch, weil Emotionen sich unabhängig von der Vernunft geltend machen; deshalb sollte jedes von Emotionen besetzte Handeln sorgfältig vom Willen überwacht werden.

3. *Die Gabe der Gemütsbewegung:* Bei Emotionen nimmt ein großer Teil aller Aktivitäten seinen Anfang. Viele von uns treffen Entscheidungen, die mit ihren »Gefühlen« im Einklang stehen,

und handeln dann ohne jede Kontrolle derselben durch die
Vernunft und den Willen. Solche Entscheidungen sind öfter
falsch als richtig.

Am häufigsten geschieht das im Zeichen und namens der
Liebe. Liebe hat etwas Spirituelles höchsten Ranges an sich
(denken Sie nur an die »Liebe Gottes«); sie ist aber in unserem
Lebensalltag auch ein gefährliches Gefühl, weil wir Menschen
sie gewöhnlich nicht von der Vernunft und unserem Willen her
überprüfen.

Menschen, die richtig denken – die alle Geistesgaben einsetzen –, lassen sich durch eine Gemütsbewegung, zum Beispiel
der Liebe oder auch der Trauer, nicht hinreißen, Vernunft und
Willen außer acht zu lassen. Sie unterbreiten auch alle ihre großen Wünsche, Pläne und Anliegen ihrer Vernunft und ihrem
Willen, *um sicherzustellen, daß das Strohfeuer momentaner Ge-
fühlsübertreibung sich nicht über das bessere Wissen der Vernunft
hinwegsetzt.*

4. *Die Gabe der Phantasie:* Diese Gabe ist der »Architekt« der
Seele; dank ihr kann der Mensch sein Leben gemäß seinen
Wünschen planen und sooft ändern, wie er will. Die Phantasie
ermöglicht es uns, mit Lichtgeschwindigkeit in den unendlichen interstellaren Raum einzudringen, die Luft über uns zu
erobern und zu unserem Wohl eine Million Ideen und Vorstellungen zu entwickeln, indem wir alte Ideen und Vorstellungen
in neuer Weise kombinieren.

Durch die Phantasie können wir Einbildungskraft und Reali-
tätssinn verknüpfen und damit Industriereiche ins Leben rufen,
die eine Veränderung des gesamten Trends der Zivilisation bewirken. Für die Phantasie, die mit Willen und Vernunft einher-
geht, ist nichts unmöglich – sie kann alles erreichen. *Ungezü-
gelte Phantasie jedoch kann in unserem Leben schwere Verwü-
stungen anrichten.* Täten sich Liebe und Phantasie zusammen
und gingen ohne Aufsicht bummeln, würde sich der Mensch
kaum mehr von dem Schaden erholen, den sie anrichten.

Die Phantasie ist der Ursprung des kostspieligen Leidens Hypochondrie, das ein großes Problem für die Ärzte darstellt. Sie kann auch das Heilmittel für Hypochondrie sein. Viele zuverlässige Fachleute behaupten generell, die Phantasie habe einen derart starken Einfluß auf den Körper, daß sie seinen Widerstandsmechanismus aktivieren und ihn veranlassen könne, echte körperliche Leiden vieler Art zu kurieren.

Die Phantasie ist eine großartige *Fähigkeit des geistbegabten Menschen mit praktisch unbegrenzten Möglichkeiten, aber ihre Projektionen bedürfen der ständigen Überwachung durch Vernunft und Willen.* Es könnte nützlich für Sie sein, den vorhergehenden Satz viele Male zu lesen, so oft, bis er sich Ihnen in seiner ganzen Tragweite eingeprägt hat.

5. *Die Gabe des Bewußtseins:* Bewußtsein ist Geist. Oder anders, deutlicher: Geist ist unter anderem Bewußtsein. Bewußtsein im engeren Sinn gibt dem Menschen Führung. Erlauben wir unserem Bewußtsein, unbeeinträchtigt zu arbeiten, prüft es alle unsere Ziele und Vorhaben und warnt uns, wenn sie nicht mit den Naturgesetzen des Seins in Einklang stehen. *Wenn wir es versäumen oder unterlassen, die Warnungen zu befolgen,* erlischt diese Warnfunktion, und das Bewußtsein schaltet schließlich ganz ab.

Wenn wir uns bei unseren Wünschen, Zielen und Vorhaben die volle Unterstützung unseres Bewußtseins sichern können, haben wir direkten Zugang zu dem Glauben, den wir brauchen, um zu erreichen, wonach uns Herz und Sinn stehen.

6 *Die fünf körperlichen Sinne:* Die fünf Sinne – Gesicht, Gehör, Geschmack, Geruch und Tastsinn – sind die körperlichen »Arme« des Gehirns, mit denen es die Reize der Außenwelt aufnimmt und Informationen einholt. Die fünf Sinne sind nicht immer verläßlich, ihre Wahrnehmung ist oft verzerrt; deshalb müssen sie ständig von den Gaben Vernunft und Willen beaufsichtigt werden

Insbesondere bei stark gefühlsgeladenen Aktivitäten jeder

Art werden die Sinne oft wirr und unzuverlässig; dies geschieht beispielsweise, wenn wir etwas tun und dabei von plötzlicher Angst oder heftigem Zorn erfaßt werden. Eine Entscheidung, die wir unter dem Einfluß von Angst oder Zorn gefällt haben, sollten wir auf keinen Fall ausführen, bevor Wille und Vernunft sie gründlich überprüft und gutgeheißen haben.

7. *Die Gabe des Gedächtnisses:* Das Gedächtnis dient uns als »Aktenschrank« unseres Gehirns, in dem alle Denkakte, alle bewußten Erfahrungen und alle Empfindungen gespeichert werden, die das Gehirn über die fünf Sinne erreichen. Auch das Gedächtnis ist sehr unzuverlässig, wie die meisten von uns bezeugen können. Deshalb muß es vom Willen und von der Vernunft überwacht und geschult werden. Der Hauptgrund für die Unzuverlässigkeit des Gedächtnisses ist, daß der »Registrator« – der Mensch, der die Funktion des Gedächtnisses kontrolliert – aus Sorglosigkeit kein klares Arbeitssystem hat, nach dem er vorgehen könnte.

Das Gedächtnis kann durch einen Schulungskurs (beispielsweise die Brothers-Methode* ziemlich verbessert werden. Die Zuverlässigkeit des Gedächtnisses ist nur eine Frage der Disziplinierung, Kontrolle und Erziehung des »Registrators«, der die Verantwortung für das Funktionieren dieser wichtigen Geistesgabe trägt.

8. *Der sechste Sinn:* Er ist die Sende- und Empfangsstation unseres Geistes, durch die wir Gedankenschwingungen senden und empfangen. Der »sechste Sinn« ist das Kommunikationsmedium zwischen uns Menschen und den unsichtbaren Führern oder inneren Helfern, die uns nach weitverbreiteter Überzeugung zu Diensten stehen.

Der »sechste Sinn« vermittelt uns die »außersinnliche Wahrnehmung« (Telepathie und Hellsehen). Solche innere Wahrnehmung über Raum und Zeit hinweg gilt heute glaubwürdi-

---

* Joyce Brothers *In zehn Tagen zum vollkommenen Gedächtnis*, Ariston Verlag, Genf.

gen Parapsychologen zufolge als dem Phänomen nach erwiesen.

9. *Das Unterbewußtsein:* Diese Tiefenschichten unseres Geistes
sind das »Schaltbrett«, über das unser Bewußtsein den Zugang
zur kosmischen Ordnung des Seins, zum Absoluten der unendlichen Weisheit, aufnehmen kann. Das Unterbewußtsein reagiert gemäß dem Inhalt jeden Gedankens, jeden Gefühls und
überhaupt jeder Erfahrung des Menschen. Es unterscheidet
nicht zwischen positiven und negativen oder richtigen und falschen Inhalten, die ihm eingeprägt werden. Es reagiert jedoch
schneller und nachhaltiger auf die Einflüsse, die stark mit Emotionen wie Angst, Zorn, *Überzeugung und Glauben* unterlegt
sind.

So beeinflussen wir durch die Inhalte unseres Bewußtseins –
also durch alles, was wir denken, glauben, fühlen – unser Unterbewußtsein. Dieser Einfluß sollte stets positiv sein; er ist das
aber nicht immer. Nur allzuoft prägen wir wachbewußt unserem Unterbewußtsein Negatives ein: Sorgen und Ängste, falsche Überzeugungen und einschränkende Vorurteile. Sehr
viele Menschen, denen es an einer grundsätzlich positiven Gei-
stes- und Gefühlshaltung mangelt, sind daher wachbewußt
einer positiven Beeinflussung ihres Unterbewußtseins nicht fähig.

Diese Tatsache ist auch der Grund, warum Ärzte und Psychotherapeuten, die mit Suggestionstherapien arbeiten, die Patienten in den Hypnosezustand versetzen oder sie behandeln,
wenn diese schlafen. Infolge der Ausschaltung des Wachbe-
wußtseins und somit aller störenden Einflüsse können die The-
rapeuten dann dem Unterbewußtsein ihrer Patienten direkt Anweisungen zur Heilung körperlicher oder geistig-seelischer
Krankheiten erteilen.

Die Darstellung der Gaben des menschlichen des Geistes mußte in
diesem Buch zwangsläufig kurz gehalten werden und stellt keineswegs eine erschöpfende Erörterung des Themas dar; sie gibt viel-

mehr nur einen generellen Überblick über den »Mechanismus«, durch welchen der menschliche Geist funktioniert. Ergänzend dazu wurde mit knappen Worten beschrieben, in welchem Ausmaß die erwähnten geistig-seelischen Fähigkeiten für den Menschen kontrollierbar sind.

Noch einmal soll hier nachdrücklich hervorgehoben werden, daß jedwedes Denken, sei es negativ oder positiv, vernünftig oder unvernünftig, die Tendenz hat, sich im Zustand unserer Persönlichkeit und in unserem Leben körperlich-materiell zu verwirklichen. In Angriff nimmt es die Verwirklichung dadurch, daß es uns Ideen, Pläne und Vorhaben eingibt, mit denen ein Wunschziel durch natürliche und logische Mittel erreicht wird. Nachdem die Inhalte unseres Denkens infolge häufiger Wiederholung zu einer Gewohnheit geworden sind, übernimmt sie das Unterbewußtsein und veranlaßt uns, sozusagen autonom agierend, zu dementsprechendem Handeln.

Vielleicht stimmt es nicht, daß »Gedanken Dinge sind«, aber es stimmt, daß Gedanken »Dinge« erschaffen, daß die so erschaffenen Lebensumstände verblüffend der Art der Gedanken gleichen, aus denen sie hervorgingen. So kann man tatsächlich sagen: *Der Mensch ist das, was er tagtäglich denkt!*

Das sollten Sie beherzigen. Auch für Sie gilt die Wahrheit: *Was Sie denken, glauben und fühlen, entscheidet über Ihren körperlichen und geistig-seelischen Zustand, bestimmt Ihre Persönlichkeit, gestaltet Ihr Leben!*

Wir haben jetzt den Punkt erreicht, an dem auch klargeworden sein dürfte, wie eine günstige Beeinflussung all Ihrer Lebensumstände, zum Beispiel auch Ihres Gesundheitszustandes, möglich ist. Sie wird bewirkt durch positives, also lebenbejahendes, aufbauendes Denken, dessen Inhalte sich Ihrem Unterbewußtsein einprägen und sodann in Ihrem Leben unfehlbar ihren Niederschlag finden.

Es ist Ihnen allerdings nicht möglich, Ihr Unterbewußtsein vollkommen zu kontrollieren. Ihr Unterbewußtsein unterliegt auch all den von außen an Sie herankommenden Einflüssen, insbesondere

den Suggestionen, die in Form von Gedanken, Worten und Taten
seitens anderer Menschen auf Sie einwirken.
Das Unterbewußtsein ist nie untätig. Wenn Sie versäumen, ihm
die Wünsche Ihrer eigenen Wahl einzuprägen, so setzen Sie es
den aus der Umwelt kommenden Einflüssen aus. Dies ist besonders nachteilig in bezug auf all das, was Sie nicht wollen, fürchten
oder verabscheuen.

Ob Sie es merken oder nicht, Sie leben Tag für Tag inmitten
der verschiedenartigsten Fremdsuggestionen und -impulse, die Ihr
Unterbewußtsein ohne Ihr Wissen erreichen. Die meisten dieser
Einflüsse sind negativ (denken Sie nur etwa an die Tagesneuigkei-
ten der Medien), nur wenige sind positiv.

Jetzt erfahren Sie, wie Sie den Zustrom negativer Impulse, die
in Ihr Unterbewußtsein gelangen und Sie beeinflussen, weitgehend unterbinden können; auf welche Weise Sie diese negativen
Einflüsse – einschließlich aller Ängste – durch Wünsche, Pläne
und Entscheidungen *Ihrer eigenen Wahl* ersetzen können. Außerdem lernen Sie die Mittel zur Aufrechterhaltung Ihrer Gesundheit
und zur Beherrschung körperlicher Schmerzen kennen.

Wenn Sie die Techniken, mit denen Sie nun vertraut gemacht
werden, beherrschen und anzuwenden verstehen, besitzen Sie den
Schlüssel zur Tür Ihres Unterbewußtseins, *und diese Tür können
Sie nach Belieben öffnen oder schließen.*

Bevor ich die Methode beschreibe, mittels derer wir das Unterbewußtsein erreichen, muß klargestellt werden, daß Ihr – wie jedes – Unterbewußtsein gleichsam zwei Türen hat. Die eine Tür
öffnet sich nach außen zur materiell-körperlichen Welt, in der Sie
leben. *Die andere Tür öffnet sich nach innen und verschafft Ihnen
den Zugang zum universellen Wissen der unendlichen Weisheit.*

Über den Weg durch diese beiden Türen werden Gebete wirksam.

Über den Weg durch diese beiden Türen können unsere Hoffnungen, Wünsche und Pläne erfüllt werden, *vorausgesetzt, wir haben ein klares Ziel und das inbrünstige Verlangen, zu verwirklichen,
was wir uns wünschen.*

Über den Weg durch diese beiden Türen werden alle unsere Ängste, Zweifel und Besorgnisse in Schicksalsschläge umgewandelt, *wenn wir unserem Bewußtsein gestatten, sich andauernd mit Unerwünschtem zu befassen.* Jede nachteilige Beeinflussung, die unser Unterbewußtsein erreicht, weil wir versäumen, es durch unser Denken positiv zu beeinflussen oder die aus der Umgebung kommenden negativen Suggestionen zurückzuweisen, wird vom Unterbewußtsein automatisch akzeptiert und der Verwirklichung zugeführt.

Eine der größten Ungereimtheiten ist wohl die, daß die meisten von uns auf ihrem Weg durchs Leben ihre Aufmerksamkeit weitgehend auf Umstände und Ereignisse konzentrieren, *die sie nicht wollen* – Armut, Fehlschläge, Krankheit, Unglück und körperliche Schmerzen –, und sich dann verwundert fragen, warum sie mit diesen unerwünschten Umständen »gestraft« werden.

Wir ziehen das genaue materielle Äquivalent dessen an, über das wir am häufigsten nachdenken. Beherzigen Sie dies, denken Sie daran, daß der Schöpfer jedem gesunden Menschen das unanfechtbare Recht auf die volle Macht gegeben hat, sich seiner geistigen Fähigkeiten zu bedienen und diese auf alle Ziele hinzulenken, die er wählt. Wenn Sie das tun, werden Sie ohne Schwierigkeiten *erkennen, daß alle unerwünschten Umstände und Ereignisse, die einem widerfahren, Folgen des Versäumnisses sind, seine geistigen Fähigkeiten zu nutzen und auf das hinzulenken, was man wünscht.*

Hypochondrie, die teure Nichtkrankheit

Unter Hypochondrie versteht man eingebildete körperliche Krankheiten als Folge einer ängstlichen Selbstbeobachtung und Überbewertung möglicher Symptome. Es ist eine bekannte Tatsache, daß dieses Leiden Ärzten und Psychotherapeuten mehr zu schaffen macht und zu verdienen gibt als alle wirklichen Krankheiten. Die Angst vor Krankheit und ihre Schwester, die Angst vor körperlichem Schmerz, sind die Folgen einer fehlgeleiteten Geistes- und Gefühlseinstellung; sie stellen eine der sieben grundlegenden Ängste dar, unter denen jeder Mensch gelegentlich leidet. Vor einigen Jahren demonstrierte ich in meinen öffentlichen Vorträgen die letztlich im kollektiven Unbewußten schlummernde Angst vor Krankheit und körperlichem Schmerz auf höchst dramatische Weise. Meine Demonstrationen bewiesen, daß Menschen, die körperlich völlig gesund waren, durch bloße Suggestion ernstlich krankgemacht werden können.

Die Technik, die ich dabei anwandte, war sehr einfach. Die Demonstration wurde unter Assistenz von vier Helfern durchgeführt, die ich in und vor dem Hörsaal postiert hatte, in dem meine Vorlesung stattfand. Ein Ausschuß meiner Studenten erkor insgeheim einen Zuhörer zum »Opfer«. Während einer kurzen Vorlesungspause näherten sich meine Helfer nacheinander dem »Opfer« und sprachen es an, wie vereinbart.

Helfer Nummer eins sagte beispielsweise: »Fühlen Sie sich nicht wohl? Sie schauen aus, als seien Sie krank.« Helfer Nummer zwei ging raschen Schritts auf das »Opfer« zu und rief aufgeregt: »Entschuldigen Sie – aber Sie sehen so auffallend blaß aus, Ihrem Aussehen nach scheinen Sie einer Ohnmacht nahe zu sein! Soll ich Ihnen ein Glas Wasser holen?« Wenig später erschien Helfer Nummer drei und sprach das »Opfer« besorgt an: »Lassen Sie sich von mir stützen. Sie machen den Eindruck, als würden Sie gleich umkippen.« Dann wandte er sich an die Umstehenden und forderte sie auf: »Leute, helft mir einen Platz suchen, wo wir den Mann hinlegen können. Er ist krank.« War das »Opfer« noch nicht ohnmächtig, kippte es gewöhnlich um, wenn Helfer Nummer vier herankam, es am Arm faßte und entsetzt rief: »Holt schnell einen Arzt. Der Mann muß sofort in ärztliche Behandlung.«

Ich führte dieses Experiment viele Male durch, und es gelang mir immer, das »Opfer« vorübergehend krankzumachen. Einmal zum Beispiel sank der zum Opfer auserkorene etwa dreißigjährige Mann jedoch in so tiefe Bewußtlosigkeit, daß wir ihn in ein Krankenhaus bringen mußten. Die Ärzte dort machten ihm schließlich klar, daß er einem Experiment unterzogen worden war.

Nach dieser Erfahrung wiederholte ich diese Art von Experimenten nicht mehr.

Überzeugen Sie Ihr Unterbewußtsein, daß Sie krank sind, und es wird sofort daran arbeiten, diese Überzeugung ihrer logischen Folgerung zuzuführen: es macht Sie tatsächlich krank. Hypochondrie ruft häufig wirklich körperliche Krankheitssymptome hervor wie beispielsweise Ausschläge, Magenbeschwerden oder Kopfschmerzen, obwohl die eigentliche Ursache nichts anderes als Angst ist. Die vielfältigen psychosomatischen Erkrankungen werden maßgebend ebenso durch Angst ausgelöst.

Insassen des Staatsgefängnisses von Ohio spielten früher vielen neu eingelieferten Häftlingen einen grausamen Streich. Ein Komitee alter Häftlinge beschuldigte den »Neuen« irgendeines imaginären Verstoßes gegen die Gefängnisordnung und verurteilte ihn zum Tod. Dem Opfer wurden die Augen verbunden und die Hände auf dem Rücken gefesselt. Dann legte man den Mann mit dem Kopf auf ein Faß, und mehrere Häftlinge hielten ihn fest. Einer fragte, ob das Messer auch schön scharf sei. Irgendein anderer antwortete: »Ja, ich habe es nach der Hinrichtung dieses letzten Mannes da selber geschliffen. Da hast du es. Gib's ihm jetzt, fix und ordentlich, damit er nicht schreien kann.«

Nach diesem Teil der Zeremonie fuhr einer aus der Bande dem Opfer mit einem Kamm kräftig über den Hals, und ein anderer goß sofort rote Tinte darüber. Daraufhin wurde das Opfer losgelassen, und alle gingen in Deckung. Im allgemeinen riß das Opfer als erstes die Binde von den Augen und griff sich mit den Händen an den Hals. Natürlich glaubte der Arme, ihm sei die Kehle durchgeschnitten worden, denn an seinen Händen war »Blut«.

Einmal jagte die Prozedur dem schikanierten Mann solche Angst und solches Entsetzen ein, daß er herumzurennen begann und schrie, er sei ermordet worden. Die Wärter mußten ihn einfangen und bändigen; sie brachten ihn in die Krankenstation, wo er mehrere Tage brauchte, um sich von dem Schock zu erholen, obwohl er doch sah, daß sein Hals nicht einmal angekratzt war.

Die Angst vor Krankheit und körperlichem Schmerz wurzelt im

kollektiven Unbewußten und kommt beim geringsten Anlaß an
die Oberfläche. Immer jedoch ist die Angst selbst viel schlimmer
als das, was gefürchtet wird. Wie FRANKLIN D. ROOSEVELT während
seiner ersten Amtszeit sagte, als das Land von einer Woge der
Angst überschwemmt wurde: »Das einzige, was wir fürchten müssen, ist die *Angst* selbst.«

Diese Wahrheit gilt auch für die Angst vor der Krankheit. Jede
Krankheit (außer einer angeborenen) *nimmt ihren Ursprung in unserem Denken, Glauben und Fühlen.* Ist unsere beherrschende Gei-
stes- und Gefühlshaltung Angst, so sind so mancher Krankheit in
uns Tür und Tor geöffnet.

Wie Sie das Unterbewußtsein erreichen und beeinflussen können

Unser Unterbewußtsein empfängt prägende und somit aktivie-
rende Einflüsse aus dreierlei Quellen: Erstens Einflüsse aus der
Umwelt, die uns über die Wahrnehmung durch unsere Sinnesor-
gane vermittelt werden; dazu gehören natürlich auch die Beein-
flussungen durch andere Menschen in Wort und Tat sowie auch
die Ereignisse des Weltgeschehens. Zweitens über den sechsten
Sinn oder die sogenannte außersinnliche Wahrnehmung (Telepathie und Hellsehen); solche innere Wahrnehmung entspringt dem
Unterbewußtsein und prägt es zugleich. Drittens durch unser
Denken selbst; damit sind sowohl die Gedanken gemeint, die wir
bewußt in Form von Überzeugungen oder Wünschen in unser Unterbewußtsein senken, als auch die *ziellosen Gedanken, denen wir
uns planlos überlassen.*

Die meisten Menschen hegen ziellose, unbedachte und vor allem negative Gedanken; diese rufen unerwünschte Ereignisse oder
Umstände hervor, weil das Unterbewußtsein sie akzeptiert und
entsprechend darauf reagiert. Das Unterbewußtsein unterscheidet
nicht zwischen negativen und positiven Inhalten; es reagiert auf
nachteilige Suggestionen genauso prompt wie auf vorteilhafte.

Hier haben wir den Grund, warum so viele Menschen »Versager« sind. Der Großteil ihrer Gedanken konzentriert sich auf Fehlschläge, und das Unterbewußtsein führt diese Gedanken der logischen Folgerichtigkeit ihrer Verwirklichung im Leben zu.

Das Unterbewußtsein verwirklicht also alle Gedanken, die es erreichen, seien sie gut oder schlecht, vorteilhaft oder nachteilig für uns, in logischer Konsequenz. Der beste Weg, das Unterbewußtsein in nützlicher Weise für sich arbeiten zu lassen, besteht deshalb zweifellos darin, *ihm klare Anweisungen im Hinblick auf das zu erteilen, was man will.*

Wer dem Unterbewußtsein Anweisungen erteilen möchte, sollte sich genau an folgende Anleitungen halten:

1. Schreiben Sie klar und deutlich den Wunsch auf, den Sie von Ihrem Unterbewußtsein verwirklicht haben wollen, und setzen Sie ihm eine feste Frist, innerhalb der es handeln soll. Lernen Sie auswendig, was Sie aufgeschrieben haben, und wiederholen Sie es mündlich leise für sich, hunderte Male am Tag und *besonders vor dem Einschlafen.*

2. *Glauben* Sie bei der Wiederholung Ihres Wunsches, daß Ihr Unterbewußtsein ihn verwirklichen wird, und *stellen Sie sich anschaulich vor, daß bereits verwirklicht ist, was Sie wünschen.* Fügen Sie Ihrer Wiederholung immer einen Dank für den Empfang dessen an, was Sie erbeten haben.

3. Steigern Sie sich, bevor Sie Ihre Wuncherklärung für Ihr Unterbewußtsein wiederholen, in einen emotionsgeladenen Zustand intensiver Begeisterung und Freude hinein, aus einem sicheren Gefühl heraus, daß Ihre Bitte erfüllt wird. Das Unterbewußtsein reagiert fast sofort auf Gedanken, die *in einem Zustand starker Gefühlserregung freigesetzt* werden, ob nun die Inhalte Ihres Denkens und Fühlens negativ oder positiv sind.

Diese letztgenannte Tatsache ist von ungeheurer Bedeutung. Bitte lesen Sie den vorstehenden Abschnitt noch einmal durch und denken Sie darüber nach. Handeln Sie dann, indem Sie Ihre Erkenntnisse in Ihr Leben umsetzen.

Wie Sie sich körperlich und geistig auf einen notwendigen Eingriff vorbereiten können

Mit Hilfe der folgenden Anweisungen können Sie sich körperlich und geistig so konditionieren, daß alle als unangenehm empfundenen oder als schmerzhaft gefürchteten Lebenserfahrungen ihren Schrecken verlieren. So können Sie sich auf eine große Zahnbehandlung oder einen notwendig gewordenen chirurgischen Eingriff optimal einstellen und derartige »Unannehmlichkeiten« des Lebens erfolgreich hinter sich bringen. So gelingt Ihnen aber auch, geistig-seelische Leiderfahrungen zu überwinden, beispielsweise den Verlust eines geliebten Menschen.

Natürlich kommt es wesentlich darauf an, daß Sie die nachstehenden Empfehlungen nicht nur jetzt lesen, sondern im gegebenen Fall auch wirklich beherzigen:

1. Bereiten Sie Ihren Körper auf den Eingriff mit einer drei- bis siebentägigen Fastenkur vor, die unter Aufsicht Ihres Arztes stattfinden soll. Essen Sie zwei Tage vor dem Beginn der Kur nichts als frisches Obst und trinken Sie nur Fruchtsäfte. Streichen Sie *Zigaretten* und *Kaffee.* Sie werden in diesen zwei Tagen etwas nervös sein, aber lassen Sie sich dadurch nicht entmutigen. Beginnen Sie nach den zwei Tagen mit dem Fasten. Nehmen Sie nichts zu sich als Wasser (Mineralwasser) mit zwei oder drei Tropfen Zitronensaft pro Glas. Trinken Sie soviel Wasser, wie Sie können, ein Dutzend oder mehr Gläser am Tag. Auch ungesüßten Tee dürfen Sie trinken.
   Essen Sie nach Beendigung des Fastens am ersten Tag einen Teller Gemüsesuppe ohne Fett und eine Scheibe Weizenvollkornbrot oder Toast, sonst nichts; am zweiten Tag zwei Teller Gemüsesuppe und zwei Scheiben Brot, einen Teller am Vor-

mittag und einen am Nachmittag. Ab dem dritten Tag können Sie essen, was Sie wollen, solange Sie *mäßig essen*. Sehr wichtig ist, daß Sie nach und nach zu Ihren normalen Eßgewohnheiten zurückkehren.

Dies ist der grundsätzliche Fastenplan, nach dem Sie vorgehen sollten. Doch die Einzelheiten, darunter die Anzahl Ihrer Fastentage, *müssen vor Beginn der Kur von Ihrem Hausarzt sorgfältig überprüft werden.*

Der Sinn des Fastens in körperlicher Hinsicht besteht darin, Ihrem gesamten Organismus – Magen, Verdauungsorganen, Ausscheidungssystem und Kreislauf – einen Erholungsurlaub zu gewähren. In psychischer Hinsicht besteht der Sinn des Fastens darin, Ihnen die Möglichkeit zu geben, *sich selbst zu beweisen, daß Sie Herr über Ihre Eßgewohnheiten sind.* Beherrschen Sie erst einmal Ihr Verlangen nach Nahrung, werden Sie wenig oder keine Schwierigkeiten haben, ihre Angst vor körperlichem Schmerz zu beherrschen.

Außerdem dient das Fasten dem Zweck, *sich geistig für eine mühelose Kommunikation mit Ihrem Unterbewußtsein zu konditionieren.* Während Sie fasten, ist Ihr Unterbewußtsein sehr empfänglich für alle Einflüsse, die es aufgrund Ihres Denkens, aber auch aus Ihrer Umgebung empfängt. Hüten Sie sich daher vor negativ eingestellten Menschen und vor der Erörterung negativer Themen.

2. Beginnen Sie an Ihrem ersten Fastentag eine Selbstbehandlung durch Autosuggestion: Wiederholen Sie während Ihrer ganzen Fastenkur die nachstehenden an Ihr Unterbewußtsein gerichteten Instruktionen mindestens einmal jede Stunde während Ihres Wachseins und, besonders intensiv, vor dem Einschlafen:

O Ich habe volles Vertrauen zu meinem Arzt (Zahnarzt, Psychotherapeuten – nennen Sie ihn bei seinem Namen) . . ., zu seinem Können, seinem Charakter und seiner Erfahrung in der Heilkunde.

O Während mein Arzt die Behandlung durchführt, werde ich
  mich geistig vollkommen auf das ausrichten, was ich mir im
  Leben am meisten wünsche, nämlich (formulieren Sie Ihren
  Wunsch) . . .

O Ich wünsche die Durchführung dieser umfassenden Behandlung, weil sie meine körperliche Gesundheit (mein Aussehen, meinen geistig-seelischen Zustand) verbessern wird;
  weil ich die Behandlung wünsche, werde ich sie durchstehen
  und als willkommene Gelegenheit auffassen, mir selbst zu
  beweisen, daß mein Geist stärker ist als alle meine Ängste
  und Nöte.

O Hiermit beauftrage ich mein Unterbewußtsein, meinen
  Wunsch zu akzeptieren, genau so, wie ich ihn geäußert
  habe, ihn in allen Einzelheiten zu verwirklichen und dadurch mein Erlebnis ärztlicher Behandlung zu einem großartigen Zwischenspiel werden zu lassen. Durch diese Erfahrung werde ich Entdeckungen bezüglich der Kräfte meines
  Geistes machen, mit *deren Hilfe ich meine ganze Zukunft so
  steuern werde, daß mir das Leben mehr Freude bringt.*

Diese Empfehlungen sind einfach und leicht verständlich. Trotzdem aber erschließen sie Ihnen eine neue Einstellung, die Ihnen in
allen künftigen Erfahrungen und allen zwischenmenschlichen Beziehungen den Weg ebnen kann und dank der Sie jegliche ärztliche Behandlung durchstehen werden, ohne das geringste Unbehagen zu empfinden.

In den vorstehenden Instruktionen habe ich Sie mit den günstig-
sten Bedingungen bekanntgemacht, unter denen Sie Ihrem Unterbewußtsein Anweisungen erteilen können: während einer Fastenkur und durch ständige Wiederholung Ihres Wunsches. Wie Sie
nun wissen, ist Ihr Unterbewußtsein sehr aufmerksam und empfänglich für alle für Sie vorteilhaften Einflüsse, die Sie ihm zuleiten,
aber auch für alle nachteiligen Einflüsse, die zu ihm durchdringen,
weil Sie es versäumen, sich negativen Suggestionen zu verschließen.

Wenden wir uns nun dem Thema Fasten noch einmal zu, und sehen wir uns an, welche Vorteile eine Fastenkur für Sie bringt – abgesehen davon, daß es eine ausgezeichnete Methode ist, Ihr Unterbewußtsein auf den Empfang und die Durchführung Ihrer Direktiven vorzubereiten:

1. Eine Fastenkur mindestens ein- oder zweimal im Jahr kräftigt den ganzen Körper und stärkt seine Widerstandskraft gegen Krankheit.

2. Eine Fastenkur bietet eine ausgezeichnete Gelegenheit, sich das Rauchen, Kaffeetrinken und den Konsum alkoholischer Getränke abzugewöhnen. Wenn Sie gewohnheitsmäßig rauchen oder Alkohol trinken, müssen Sie sich nach Beendigung Ihrer Fastenkur beides neu wieder angewöhnen, sofern Sie dann nicht vorziehen, fortan darauf zu verzichten.

3. Fasten versetzt Sie in einen körperlich unbeschwerten Zustand, in dem Sie sich viel leichter als sonst Ihrer geistig-seelischen Fähigkeiten und Kräfte innewerden. Fasten eröffnet den direkten Zugang zum Unterbewußtsein. Das ist der Hauptgrund, warum Anweisungen, die man dem Unterbewußtsein während einer Fastenkur gibt, so wirksam sind und so schnell erfreuliche Ergebnisse zeitigen.

4. Fasten ist eine sehr hilfreiche Übung für neurotische, melancholische und hypochondrische Menschen (die an eingebildeten Krankheiten leiden). Eine wichtige Bedingung ist jedoch, daß die Kur unter Aufsicht eines guten Arztes durchgeführt wird. Fasten ist kein Kinderspiel, deshalb sollte niemand ohne ärztliche Anweisung fasten. In manchen Therapieschulen wenden die Ärzte Fastenkuren mit Erfolg zur Heilung auch so vieler körperlicher Leiden an.

5. Das Fasten wird demjenigen nicht schwerfallen, der meine Empfehlungen beherzigt und sich während der Kur geistig ständig beschäftigt, indem er seinem Unterbewußtsein Anwei-

sungen erteilt. Wenn Sie noch nie freiwillig gefastet haben, steht Ihnen bei Ihrer ersten Anwendung dieses heilkräftigen Verfahrens ein großer Genuß bevor. Es kann sein, daß Sie in den ersten zwei Tagen ein bißchen nervös sind, vor allem aber werden Sie eine bisher ungekannte Erfahrung machen. Die Erkenntnis, daß Sie es schaffen, Ihr Verlangen nach Nahrung zu beherrschen, liefert Ihnen eine solide Basis, auf der Sie aufbauen können, um auch die *Herrschaft über andere Lebensumstände zu erlangen, beispielsweise über Armut und alle unerwünschten Verhältnisse und Zustände, die ihre Ursache in Angst jeder Art haben.* Ist diese Verheißung nicht einiger Anstrengungen beim Fasten wert?

6. Während Ihrer Fastenkur werden Sie erleben, daß Ihnen viele vergessene Begebenheiten aus Ihrer frühen Kindheit wieder in Erinnerung kommen, und *Sie werden ein Gefühl tiefen Selbstvertrauens entwickeln,* wie Sie es vielleicht noch nie zuvor verspürten.

Vor Jahrzehnten, während meiner Zusammenarbeit mit BERNARD MACFADDEN, bekam ich Grippe. Nach ein paar Tagen schien sie abgeklungen zu sein, doch in der Folgezeit erlitt ich alle zwei Wochen einen leichten Rückfall. Als ich mit Mr. Macfadden darüber sprach, fragte er: »Warum fasten Sie nicht und hungern den Grippevirus aus? Warum füttern Sie ihn?«

Ihm verdanke ich mein Wissen über die Nützlichkeit des Fastens, und ich fastete damals sieben Tage lang nach seinen Instruktionen. Dadurch verschwand die Grippe völlig, und mehr noch, ich lernte ein Verfahren zur Konditionierung des Körpers kennen, das mich gegen die üblichen Erkältungen und gegen Grippe immun machte. Seither wende ich es regelmäßig an.

Meine Frau und ich fasten mindestens einmal im Jahr gemeinsam. Wir machen ein unterhaltsames Spiel daraus und stehen die Kur ohne Unbequemlichkeiten oder Unbehagen durch. Zwei oder mehr Menschen, die in einer angenehmen, psychisch harmonischen Atmosphäre gemeinsam fasten, ziehen aus Fastenkuren noch größeren Nutzen als ein Mensch, der allein fastet.

Wenn Sie zur Vorbereitung auf eine größere Zahnbehandlung oder Operation fasten, sollten Sie mit dem Fasten mindestens zwei Wochen vor dem Eingriff aufhören. Zwischen der Beendigung des Fastens und dem Eingriff sollte Ihr Arzt Sie gründlich untersuchen und überprüfen, ob Ihr Blutbild, Ihr Urin, Ihr Herz und Ihr Kreislauf in Ordnung sind. Manchmal kann es sein, daß man nach einer Fastenkur zusätzliche *Vitamingaben* braucht. *Diese verordnet Ihnen jedoch Ihr Arzt;* auf keinen Fall sollten Sie nach eigenem Gutdünken Vitaminpräparate kaufen. Nach einer Zahnextraktion, besonders wenn sie der Vorbereitung für den Einsatz einer Vollprothese dient, heilt das Zahnfleisch oft nicht zufriedenstellend; dann hält der Zahnarzt gewöhnlich die Verordnung von zusätzlichen Vitamingaben für nötig.

Während einer Fastenkur sollten Sie sich keinen anstrengenden körperlichen Betätigungen hingeben. Leichte Haus- oder Büroarbeit kann wie üblich erledigt werden; Überanstrengungen jeder Art sind jedoch zu vermeiden.

Wie ich eingangs dieses Buches geschildert habe, vermochte ich mich gelegentlich einer großen Zahnbehandlung geistig so vollkommen auf meine Vorhaben und Wünsche zu konzentrieren, daß mir mehrere Zähne ohne Betäubungsmittel gezogen werden konnten. Das zeigt, daß man den Schmerz durch geistige Kontrolle beherrschen kann; ich persönlich bin allerdings für eine Betäubung, wenn ein größerer chirurgischer Eingriff notwendig ist.

Was Sie zu glauben vermögen, das können Sie auch verwirklichen!

Die Methode, die ich auf den vorhergehenden Seiten beschrieben habe, läßt sich nicht nur zur Beherrschung und Ausschaltung körperlicher Schmerzen anwenden, sondern genausogut zur Beherrschung der Armut. Sie müssen lediglich den Inhalt Ihrer an das Unterbewußtsein gerichteten Suggestionen so ändern, daß Sie dem entsprechen, was Sie sich wünschen.

Unsere Geisteskraft kennt keine Einschränkungen, keine Grenzen, ausgenommen diejenigen, die wir selbst uns setzen oder die wir uns durch Einflüsse von außen her aufzwingen lassen. *Was wir geistig erfassen können und zu glauben vermögen, das können wir auch verwirklichen!*

Ihr Erfolg bei der Anwendung der hier beschriebenen Methode der Verwirklichung Ihrer Wünsche hängt weitgehend von Ihrer Erwartungshaltung ab. Sofern Sie *glauben,* daß Sie befriedigende Ergebnisse erzielen werden, wird genau dies geschehen.

Wenn Sie Ihrem Unterbewußtsein Anweisungen erteilen und sich dabei der auf den Seiten 167 f. angeführten, eigens für diesen Zweck abgefaßten Wunscherklärung bedienen, können Sie den Erfolg beschleunigen, *indem Sie die Erklärung in Form eines Gebets wiederholen,* denn dadurch verleihen Sie Ihrem Wunsch zusätzlich noch die ganze Kraft Ihres religiösen *Glaubens.*

Das Wort *Glauben* ist das Symbol für eine Kraft, die im Rahmen der Vernunft keine Grenzen kennt. Beweise für ihre Wirkung finden wir überall dort, wo wir uns das Leben und Wirken von Menschen vergegenwärtigen, die auf irgendeinem Gebiet außergewöhnliche Erfolge errangen.

THOMAS A. EDISON *glaubte,* eine Kohlenfadenlampe entwickeln zu können, und dieser Glaube half ihm über die zehntausend Fehlschläge hinweg, die er hinnehmen mußte, bevor er fand, was er suchte.

GUGLIELMO MARCONI *glaubte,* daß es möglich sei, Schallwellen drahtlos durch den Äther zu übertragen; dank dieses Glaubens überwand er zahlreiche Fehlschläge, bis ihm endlich Erfolg beschieden war und er das erste drahtlose Kommunikationsmittel entwickeln konnte.

CHRISTOPH KOLUMBUS *glaubte,* daß er an einer Küste jenseits des Ozeans landen würde, die noch auf keiner Karte verzeichnet war; er entdeckte diese Küste, obwohl seine Matrosen zu meutern drohten, weil sie nicht mit einer so starken Fähigkeit zu *glauben* gesegnet waren wie er.

HELEN KELLER *glaubte,* sprechen lernen zu können, obwohl sie weder über Sprachvermögen noch über Augenlicht, noch über Gehör verfügte; ihr *Glaube* gab ihr das Sprachvermögen und half ihr, ein leuchtendes Beispiel der Ermutigung für alle Menschen zu werden, die versucht sind, sich wegen irgendeines körperlichen Leidens der Verzweiflung zu überlassen.

Henry Ford *glaubte,* ein ohne Pferdekraft fahrendes Gefährt in großen Stückzahlen rationell bauen zu können, ein Automobil, mit dem ein rascher und kostengünstiger Personen- und Gütertransport möglich würde. Obwohl man ihn als »Spinner« bezeichnete und ihm große Skepsis entgegenbrachte, überzog er die ganze Erde mit dem Produkt seines *Glaubens* und wurde selbst so unvorstellbar reich.

Marie Curie *glaubte,* daß es Radiummetall gebe, und machte sich auf die Suche, obwohl noch niemand Radium gesehen hatte und niemand wußte, wie und wo man danach suchen sollte; ihr *Glaube* offenbarte ihr schließlich die Quelle des wertvollen Metalls.

Als mein Sohn ohne Ohren zur Welt kam und der bei der Geburt anwesende Arzt mir erklärte, der Junge würde zeitlebens taub sein, *glaubte* ich, die Kraft zu haben, die Natur dahingehend beeinflussen zu können, daß sie ihm irgendein anderes Hörsystem zukommen lassen würde. Ich wirkte also über sein Unterbewußtsein auf ihn ein und wurde damit belohnt, daß er ein Hörvermögen von fünfundsechzig Prozent der normalen Hörfähigkeit entwickelte.

Und als mir zur Vorbereitung auf den Einsatz einer Prothese meine restlichen Zähne gezogen werden mußten, *glaubte* – nein, *wußte* – ich, daß ich den Eingriff ohne das geringste Unbehagen überstehen würde. Ich *wußte* es, weil ich unzählige Male erlebt hatte, daß der menschliche Geist den körperlichen Schmerz und alle anderen unangenehmen Erfahrungen zu beherrschen vermag, denen der Mensch von Zeit zu Zeit ausgesetzt ist. Ich *wußte* es, weil ich aus Erfahrung gelernt hatte, daß meine Fähigkeit zu *glauben* alle Hindernisse überwinden konnte, die sich mir in den Weg stellten, ebenso auch alle selbstauferlegten Einschränkungen.

Die bedeutsamste aller bekannten großen Lebenswahrheiten besteht darin, *daß einzig uns Menschen das unabdingbare Privileg eingeräumt ist, kraft unserer geistigen Fähigkeiten unsere Persönlichkeit und unser Leben selbst zu gestalten.* Alle anderen Geschöpfe sind von ihrem Eintritt ins Leben an durch ein »Instinktmuster« gefesselt, das sie nicht ändern und außerhalb dessen sie nicht handeln können. Das Vorrecht, durch welches wir uns von ihnen unterscheiden, läßt allein schon vermuten, daß wir Menschen damit den Schlüssel zur Kontrolle unseres Seins und Lebens erhalten sollten. Wir wissen, daß die Unterlassung oder das Versäumnis, unsere geistigen Fähigkeiten richtig zu nutzen, eine Benachteiligung in Form von Elend, Armut, Fehlschlägen, Niederlagen, Krankheit, Verzweiflung und anderen Folgen negativen Denkens nach sich zieht. Demgegenüber wissen wir nun aber auch, daß uns dieses wichtige Privileg tatsächlich die Möglichkeit gibt, unser »Schicksal« selbst zu gestalten.

Dies also ist das größte aller Wunder: Der Mensch hat die Macht, seine geistigen Fähigkeiten nach seinem Willen – positiv oder negativ – zu nutzen, und *verwirklicht so in seinem Leben das, was er denkt und glaubt.*

Ein weiteres Wunder ist, daß uns zusätzlich zu unserem kostbarsten Geschenk – dem vorstehend herausgestellten Privileg des Menschen – eine Kraftquelle zur Verfügung steht, mit deren Hilfe wir unser Vorrecht in grenzenlose Erfolge umwandeln können. Dieses Wunder ist die *Tatsache, daß wir über unser Unterbewußtsein Zugang zur kosmischen Ordnung des Seins, zum Wissen der unendlichen Weisheit haben, die wir für uns nutzen können.*

Die Methode, durch die wir über das Unterbewußtsein Verbindung mit dem Wissen der unendlichen Weisheit aufnehmen können, ist einfach. Sie besteht, wie gesagt, darin, daß wir unsere Vorhaben und Wünsche aufgrund ständiger suggestiver Wiederholung bewußt unserem Unterbewußtsein einprägen und uns dabei in einem Zustand gefühlsmäßiger Hochstimmung vorstellen, unsere Vorhaben und Wünsche seien bereits verwirklicht. Wenn wir uns auf diese Art bereits am Ziel unserer Wünsche sehen, so heißt das mit anderen Worten: Wir glauben zutiefst an die Verwirklichung dessen, was wir uns wünschen, *und dieser Glaube stellt wie nichts anderes die Erfüllung unserer Wünsche sicher.*

Das Unterbewußtsein reagiert allerdings nur auf Wünsche, die ihm klar und deutlich eingegeben werden. Diese Tatsache erklärt (unter anderem) auch, warum so viele Menschen in ihrem Leben nicht zu befriedigenden Ergebnissen, nicht zu Glück und Erfolg gelangen: sie stecken sich keine klaren Ziele, haben nur unklare Wunschvorstellungen; die Folge ist dann natürlich, daß die »Wunder«, deren Vollbringung ihnen möglich wäre, ihnen nicht gelingen können.

Wenn Sie Ihre Wünsche klar und eindeutig immer wieder Ihrem Unterbewußtsein einprägen, dann werden Sie nicht enttäuscht sein, vorausgesetzt allerdings, daß Sie die Suggestion Ihrer Wünsche mit dem starken Gefühl überzeugten Glaubens verbinden, daß Ihre Wünsche verwirklicht werden. *So nehmen Sie die Verwirklichung Ihrer Wünsche im Geiste vorweg und ziehen unfehlbar das Wunderbare an und ermöglichen somit* »*Wunder, die Sie selbst vollbringen*«.

DIE REIHE AKTUELLER SACHBUCHER

in Balacron mit Goldprägung und cellophaniertem, farbigem Schutzumschlag

DENKE NACH UND WERDE REICH
DIE ANGEWANDTE WISSENSCHAFT VON DEN GESETZEN DES ERFOLGES

Von Napoleon Hill

Andrew Carnegie, der Stahlmagnat und damals wohl der reichste Mann der Welt, beauftragte Napoleon Hill, die Erfolgsmethoden von fünfhundert Millionären zu erforschen und eine Erfolgsphilosophie ihres Know-how zu erarbeiten und in einem Buch zu veröffentlichen. Nach jahrelanger Arbeit und zahllosen Interviews veröffentlichte der Autor dieses Werk, das allein in den USA eine Auflage von mehr als zwanzig Millionen erreichte und in alle Weltsprachen übersetzt wurde. Der Autor, der für dieses Werk mit dem Ehrendoktor ausgezeichnet wurde, ist mit den von ihm beschriebenen Methoden sehr reich geworden. Diese werden heute von der Napoleon Hill Foundation weiterverbreitet. Sein phänomenales Buch läßt Sie die Erfolgsgesetze entdecken. Es motiviert den Chef, den Mitarbeiter. Großunternehmen wissen, warum sie es zu Hunderten, zu Tausenden kauften. Wenn Sie es lesen, wissen Sie es auch. Sie werden erkennen, warum Reichtum kein Zufall ist und wie man's schafft. 246 Seiten. Kst., Best.-Nr. 1017.

ERFOLG DURCH POSITIVES DENKEN
EIN SCHLÜSSELBUCH RICHTIGER EINSTELLUNG UND MOTIVATION

Von Napoleon Hill und W. Clement Stone

»Was wir geistig erfassen können und zu glauben vermögen, das können wir auch verwirklichen.« Auf dieser fundamentalen Erkenntnis beruhen die einfachen Erfolgsmethoden, mit denen Dr. Napoleon Hill und W. Clement Stone, der Versicherungskönig Amerikas, Ihnen den unfehlbaren Weg zur Verwirklichung Ihrer Wünsche aufzeigen. Hill ist einer der Pioniere der Lehre vom positiven Denken, und dieses ist denn auch der Angelpunkt aller hier geschilderten Erfolgsmethoden. Stone hat sein Wissen als erfolgreicher Unternehmer beigesteuert. Aufgrund dieses Buches werden Sie Ihre Gesamteinstellung neu orientieren, und Ihr Denken, Glauben und Fühlen werden die Weichen für das Erfolgsgeleise stellen. Sie werden eine Fülle von Ideenschätzen entdecken, die Ihnen Ihr Unterbewußtsein bereithält, Ihre Probleme auf neue Art anpacken und Ihre Wunschziele durch positives Denken und entsprechendes Handeln verwirklichen können. Dieses Buch kann Ihr Privat- und Ihr Berufsleben grundlegend ändern. 301 Seiten, Kst., Best.-Nr. 1025.

ARISTON VERLAG · GENF
CH-1211 GENF 6 · POSTFACH 176 · TEL. 0 22/86 18 10 · TELEX 27983

DIE REIHE AKTUELLER SACHBÜCHER

in Balacron mit Goldprägung und cellophaniertem, farbigem Schutzumschlag

DAS SETH-MATERIAL –
EIN STANDARDWERK ESOTERISCHEN WISSENS
Von Jane Roberts

Das Seth-Material, das erste von Jane Roberts' »Seth-Büchern«, zeigt den Weg auf, den eine Intellektuelle über Ärzte, Psychologen und Parapsychologen bis zur freien Entfaltung ihrer psychischen Gaben und deren Anerkennung ging. R. van Over, Professor für Parapsychologie an der New York University, erklärte: »Seth ist die Trancepersönlichkeit einer zuhöchst ASW-begabten Sensitiven.« Und das US »Library Journal« schrieb: »Seth vermittelt faszinierende Wissenserfahrung und philosophische Erkenntnis . . . höchst lesenswert.« Dieses Buch ist eine Fundgrube esoterischen Wissens und innerer Erfahrung über Gesundheit und Krankheit, über Bewußtsein, Träume, die Seele, die multidimensionale Persönlichkeit und höherdimensionale Wirklichkeiten. 344 Seiten, Kst., Best.-Nr. 1339.

GESPRÄCHE MIT SETH – VON DER EWIGEN
GÜLTIGKEIT DER SEELE
Von Jane Roberts

Dieses Buch – das weltweit ein Bestseller ist – macht uns das Bewußtsein als offenes, in steter Wandlung begriffenes System und die Seele als Quelle aller Kreativität und Entwicklung deutlich, deren Potential beinahe unbegrenzt und multidimensional ist. Was hier über Seele, höhere Realitäten, über innere Wahrnehmung, Traum, Lebens- und Todeserfahrung, Reinkarnation, jenseitige Alternativen und Religion gesagt wird, ist »provozierend und faszinierend« (Publisher's Weekly). Und Richard Bach, Autor der *Möwe Jonathan*, schrieb: »Dies ist eines der besten Bücher, die ich je gelesen habe.« 448 Seiten, Kst., Best.-Nr. 1181.

SPEKTRUM DER HYPNOSE
DAS GROSSE HANDBUCH FÜR THEORIE UND PRAXIS
Von Werner J. Meinhold

Ein Standardwerk, das bisher fehlte. Es ist eine unentbehrliche Hilfe für jeden heilkundlich und pädagogisch Tätigen und zugleich ein faszinierendes Buch praktischer Lebenshilfe für jedermann. Das von Prof. Dr. D. Langen empfohlene Buch bietet konkrete Techniken und Suggestionsformeln zur Anwendung im Alltag und auf Fachgebieten, besonders in der Heilkunde. Viel Neues erfahren Sie auch über die Einsatzmöglichkeiten und die entsprechenden Techniken der Hypnose in ihrer Anwendung auf Randgebieten, etwa der Kriminalistik, der Parapsychologie oder der Reinkarnationsforschung u. a. m. 454 Seiten, Best.-Nr. 1207.

ARISTON VERLAG · GENF
CH-1211 GENF 6 · POSTFACH 176 · TEL. 0 22/86 18 10 · TELEX 27983